나폴레온 힐과의 대화

巨富

거부의
성공 비결

김정수 지음

중앙경제평론사

"남에게 대접받고자 하는 대로 다른 사람을 대하라."

황금률은 인간관계에서 황금처럼 중요하게 받들어야 하는 계명을 말한다. 핵심은 남의 처지를 내 처지로 바꾸어 생각하고 실천하는 생활방식이다.

사실 황금률이라는 표현을 종종 들어왔어도 이를 진실로 실행하는 사람은 그렇게 많지 않다. 자신이 받은 만큼만 돌려주려는 것이 인간의 본성이기 때문이다. 물론 황금률을 지키며 사는 것이 말처럼 쉽지는 않겠지만 꾸준히 행하다 보면 어떤 문제라도 해결할 수 있다는 것은 분명하다.

나폴레온 힐의 책《성공의 법칙(The Law of Success)》에서는 다음과 같이 얘기한다.

"기억하라! 당신의 명성은 다른 사람에게서 만들어진다. 하지만 당신의 인격은 바로 당신 자신이 만드는 것이다!"

누구나 자기 명예가 훌륭하길 바란다. 하지만 명예의 본질은 다른 사람들이 만들어주는 것이다. 결국 명예를 얻기 위해서는 자기 인격으로 다른 사람이 자기를 보는 눈을 달라지게 만들어야 한다는 의미가 된다. 대표적인 황금률 적용 사례인 것이다.

책《성공의 법칙》은 그 명성만큼이나 극적인 탄생 스토리와 빛나는 기록으로 잘 알려져 있다. 세계적인 대성공자 507명의 인터뷰를 토대로 20년간에 걸친 각고의 집필 기간을 거쳐 탄생한 결과, 전 세계에서 나폴레온 힐의 책은 5,000만 부 이상이 팔린 초베스트셀러가 되었고 그 결과 수많은 백만장자를 탄생시킨 명저로 기록되고 있다.

이런 엄청난 기록들은 책을 읽은 사람들의 입소문을 통해 사람들의 삶에 긍정적인 영향을 주었기 때문에 가능했을 것이다. 또한 진정한 오피니언 리더라면 서가에 반드시 꽂혀 있어야 하는 책 세 권 중 한 권이《성공의 법칙》이라고도 하는데 이는 리더들이 읽으면서 많은 영감을 얻기 때문이다. 사실 많은 비즈니스 통찰력을 얻을 수 있는 책이라면 그것이 곧 명저일 것이다.

필자는 《성공의 법칙》을 펴내면서 책 내용이나 사례는 잘 적응할 수 있었으나 아쉬운 점은 명작이 탄생하게 된 이면의 이야기였다. 이 부분이 보완되면 두꺼운 명작이라도 쉽고 재미있게 읽히지 않을까 하는 생각을 하게 되었다.

그래서 원저자인 나폴레온 힐과의 대화 형식을 빌려 책의 탄생 배경, 집필할 때의 어려움이나 에피소드 등을 알아보고자 했다. 이는 주로 《성공의 법칙》을 이해하기 위한 배경 설명이니 일종의 입문서인 셈이다.

두 권을 적절히 읽는다면 큰 성취를 얻는 데 부족함이 없을 것이다. 명품은 스스로 뽐내지 않는다고 한다. 그런 이유로 여러분의 응원이 더해지면 두 권의 책은 더 빛날 것이다. 독자 제현의 많은 성원을 바란다.

김정수

부(富)와 성공에 이르는 비밀을 정리하라

아는 것만으로는 충분하지 않다. 적용해야만 한다.

의지만으로는 충분하지 않다. 실행해야 한다.

— 요한 볼프강 폰 괴테(Johann Wolfgang von. Goethe, 독일 작가)

성공이라는 개념은 갈수록 심화되고 복잡해지고 있다. 많은 성공학자가 성공의 개념을 정의했지만 여전히 모호하다. 사실 성공이란 단지 행운의 문제가 아니며 오히려 과학이라고 볼 수 있다. 성공한 결과 얻게 되는 돈만 해도 겉으로 보이는 성공이자 성공을 가늠하는 척도일 뿐 결코 성공의 모든 것을 의미하지는 않는다. 그런데도 흔히 성공은 부(富)와 동의어로 인식된다.

어떻게 설명해도 생활에 꼭 필요한 돈이 없다면 우리 삶은 불행하고 힘겨울 것이다. 주위를 돌아보면 사랑과 질병, 인간관계 등의 이유로 인한 것보다 경제적 문제로 고통받는 사람들이 훨씬 더 많다. 물론 필요 이상으로 돈에 집착하는 사람들도 많으나 정도에서 지나치게 벗어나지 않는다면 그런 행위를 탓할 수만은 없는 것이 현실이다.

돈이 없으면 삶의 의미를 찾아가며 살기보다 온통 돈 문제 해결에 정신을 팔아야 하니 말이다. 열심히 돈을 벌고 부자가 되기 위해 노력해야 하는 이유가 바로 이 부분이다.

나폴레온 힐(Napoleon Hill)의 성공학은 탁상공론의 공허한 이론이 아니다. 오히려 사람들의 실생활과 밀접히 관련되어 있다. 그의 주장을 정리해 보면 '성공해서 부유해지기' 정도로 요약할 수도 있으나 그 이념은 단순한 돈 벌기라는 개념을 뛰어넘는 숭고한 사상과 감정을 담고 있다. 그런 이유로 "사람들의 마음속 깊은 곳에 있는 미덕을 끌어내고, 사람의 선천적 재능을 키워주었다"라는 세간의 평은 타당하다.

그의 책《성공의 법칙(The Law of Success)》을 읽다보면 '성공이란 무엇인가?'와 '어떻게 해야 성공할 수 있는가?'라는 원초적 질문에 대한 답을 찾을 수 있다. 거기에 멈추지 않고 사람들에게 '무엇을 해야 하느냐?'와 '어떻게 하는가?'에 대해서도 알려준다. 그는 '사고를 통해 부유해지는 실천방법'을 만들어 사람들에게 성공학의 이념을 일상생활에 적용하는 방법을 알려준다. 이 정도라면《성공의 법칙》은 성공학(學)을 넘어 성공술(術)을 얘기한다고 할 수 있다.

이런 이유 때문이기도 하겠지만 미국뿐만 아니라 세계의 수많은 나라에서 성공에 관심이 있는 사람치고 힐을 모르는 사람은 거의 없다. 그는 독창적이고 완전히 다른 새로운 성공학을 만들어냈으며, 이는 전 세계에서 가장 위대한 정신적 지침서의 하나가 되었다.

사람의 성장은 그가 살았던 시대와 밀접하게 관련되듯이 힐의 사상과 성공도 마찬가지다. 그는 1883년 10월 26일 버지니아주의 평범한 가정에서 태어났다. 그가 성장한 1880년부터 1890년까지는 아메리칸 드림의 전성기로 사람들은 권력과 부 그리고 명예지향적인 성향을 보여주었다.

평범하거나 빈곤한 가정에서 태어난 수많은 미국인처럼 힐도 자수성가한 사람들, 즉 가난하게 태어났지만 당시 사회 분위기에서 큰 성공을 이룬 토머스 에디슨, 앤드류 카네기, 헨리 포드 등을 숭배하다시피 했다. 또한 그들이 어떻게 성공했는지, 인생을 어떤 식으로 계획했는지 공부하곤 했다.

성공하고 싶다는 마음을 품고 노력한 결과 힐은 버지니아주의 작은 마을에서 벗어날 수 있었다. 어디에서든 그는 계속 기회를 만들며 자신을 훈련했다. 그 과정에서 생계를 위해 취직한 잡지(Bob Taylor's Magazine)사의 기자라는 신분은 그가 일생에서 성공으로 가는 길을 열어주었다. 당시 24세였던 그는 탁월한 업무능력을 인정받아 유명한 사람들의 성공 스토리를 쓰는 업무를 맡게 된다.

힐이 인터뷰하려고 처음 방문했던 사람은 당시 미국 최고의 부호이자 철강왕으로 불리던 앤드류 카네기(A. Carnegie)였다. 1908년에 있었던 이 만남이 역사적 사건일 뿐만 아니라 그의 일생을 바꿔놓고, 성공을 갈망하는 수많은 사람의 운명을 변화시킬 줄은 그때는 꿈에도 생각지 못했다.

그 당시 세상에서 가장 성공한 거물급 기업인이던 카네기를 취재한다는 것은 특종 중에서도 특종이었다. 73세로 노년기를 보내고 있던 그는 바쁜 가운데도 시간을 내어 힐의 인터뷰에 응했다. 그리고 첫 대면에서 둘은 오랜 친구처럼 친해졌다. 처음 만났지만 일에 대한 열정이 넘치고, 젊고 성실한 청년 힐에게 카네기가 큰 호감을 보인 것이다.

사람을 적재적소에 잘 쓰기로 유명한 카네기는 힐을 자신의 '전수자'로 생각하면서 자기 저택에서 사흘 동안 머물게 했다. 그 기간에 카네기는 자신만의 '부의 법칙'을 힐에게 알려주었다. 드디어 성공을 원하는 전 세계 모든 사람의 삶에 큰 영향을 준 성공 프로그램이 첫발을 내디딘 것이다.

부자의 법칙, 성공의 원리

"내 일생의 큰 성취 가운데 하나는 힐이 '성공학'을 완성하도록 도운 것이다. 이는 나의 어떤 재산보다 소중하다. 그의 성공법칙은 서양사상의 철학 체계와 달라서 사람들이 빈곤에서 벗어나 경제적인 부를 이룰 수 있도록 도와주며, 훌륭하고 완벽한 인격을 갖추고 인생을 풍요롭게 살도록 만들어주는 학문이다."

– 앤드류 카네기(Andrew Carnegie, 철강왕)

나폴레온 힐의 성공법칙에 아이디어를 제공하고 큰 도움을 준 카네기는 스코틀랜드에서 가난한 직조공의 아들로 태어났다. 그가 13세 되는 해에 온 가족이 미국으로 이민 왔으며 처음에는 펜실베이니아주 피츠버그에 있는 친척 집에서 얹혀 살았다. 카네기는 가족의 생계가 어렵자 초등학교만 다닌 뒤 1달러 20센트를 받는 면직물 공장에 취직한 것을 시작으로 전보배달원, 전신기사 등 여러 직업에 종사했다.

이렇게 세상 물정에 일찍 눈을 뜬 카네기는 마침 펜실베이니아 철도회사 지부장의 눈에 들어 철도회사에 스카우트되면서 인생의 전환점을 만들게 된다.

철도회사에서 일하면서 침대차 회사에 투자해 큰 이익을 본 카네기는 이를 발판으로 1892년 카네기 철강회사를 설립했다. 그 뒤 이 회사를 모건의 제강회사와 합병하여 미국 철강 시장의 65%를 지배하는 US 스틸 회사를 탄생시켰다.

강철왕 카네기가 빛나는 데에는 까닭이 있다. 그는 말년에 자신이 보유한 재산 4억 8,000만 달러 가운데 약 4분의 3에 해당하는 3억 5,000만 달러를 사회에 환원하고 1881년 고향 스코틀랜드 던펌린을 시작으로 미국과 영국에 2,500개 이상의 도서관을 건립했다. 1891년에는 세계적인 공연장 카네기홀을 개관하고 1900년에는 카네기멜론 대학의 전신인 카네기 공과대학을 설립하는 등 재산을 사회에 환원하는 노블레스 오블리주를 실천한 대표적 기업가이다.

카네기는 젊은 힐에게 자신이 완성하고 싶었지만 힘에 부쳐 할 수 없었던 일을 제안했다. 당시 카네기는 자신의 인생을 성공으로 이끈 방법을 많은 사람에게 알리려는 꿈을 가지고 있었으며 자기 꿈을 이루게 해줄 인재를 찾고 있었다. 성공철학을 널리 보급하는 데 결정적 역할을 해줄 인물을 몇 년 동안 찾았는데 드디어 적임자를 만난 것이다.

카네기는 힐에게 약 20년 동안 전 세계에서 부유하고 명망 있는 인사 500여 명을 방문해 그들의 성공원칙을 정리·프로그램화하여 다른 사람과 후세에 영원한 정신적 지침을 주라는 임무를 맡겼고, 힐은 이 도전을 받아들였다.

힐은 카네기의 도움으로 507명을 인터뷰한 뒤 그들의 성공 경험담을 연구·분석·정리했다. 이를 기초로 힐은 마침내 사람들이 갈망하는 인생의 진리, 즉 성공에 이르는 방법을 찾아내《성공의 법칙》으로 정리하기에 이른다. 그는 이 일을 이루는 데 꼬박 20년을 투자했다.

"나는 나폴레온 힐 박사의 저서와 프로그램에 따라 지금까지 생각지도 못한 부와 행복을 손에 쥘 수 있었다. 또 나의 저서인《세상에서 가장 위대한 상인(The Greatest Salesman in the World)》에서 사람의 마음을 격려하는 사상도 힐의 성공법칙에 기초한 것이다."
— 오그 만디노(Og Mandino, 사회교육가)

오그 만디노는 힐의 성공철학에 영향을 받아 무일푼의 노숙자 신세에서 회사를 여러 개 소유한 백만장자이자 영향력이 큰 경영자가 되었다. 또 그는 세일즈맨들 사이에서 필독서로 통하는 베스트셀러를 썼는데 이 책은 전 세계에서 14개의 각기 다른 언어로 번역되어 수백만 부가 넘게 팔렸다. 그의 얘기를 잠시 들어보자.

"나는 나에게 소중한 모든 것, 즉 가족과 집, 직장을 한꺼번에 잃어버린 적이 있다. 나는 거의 무일푼이 되어 누구 하나 길잡이가 되어줄 사람도 없이 전국을 떠돌았다. 나 자신을 발견하기 위해, 내 삶을 이어가는 것이 그나마 무슨 의미가 있는지 알아보기 위해서 말이다. 그때 많은 시간을 공공도서관에서 보냈다. 그곳은 공짜였고 따뜻했기 때문이다.

나는 나 자신이 무엇을 잘못했는지와 스스로를 납득시킬 수 있는 이유를 찾기 위해 그리고 아직 남아 있는, 내 삶을 구원해 줄 열쇠를 찾기 위해 플라톤에서 노먼 필에 이르기까지 수많은 책을 섭렵했다.

그리고 나는 그 열쇠를 나폴레온 힐과 클레멘트 스톤이 함께 쓴 책《행동하라! 그러면 부자가 되리라(Success Through a Positive Mental Attitude: PMA)》에서 찾았다. 나는 15년이 넘도록 이 고전에서 발견한 단순 명료한 테크닉과 방법을 내 생활에 적용했고, 이 책은 나에게 과분할 만큼의 행복과 부를 가져다 주었다. 그리하여 주머니에 돈 한 푼 없고 발붙일 곳도 하나 없는 노숙자 신세에서 큰 부자가 되고 더 나아가 베스트셀러 작가가 될 수 있었다."

만디노는 힐과 스톤의 책에서 찾아낸 성공과 부의 원리를 하루하루 실천해 나가지 않았다면 어느 하나도 성취해 내지 못했을 거라고 말하곤 했다. 그러면서 자기가 아무것도 없이 그야말로 맨땅에서 시작하여 그 모든 것을 일구어냈듯이 누구나 성공하려는 의지만 있다면 어떤 상황에 있든 성공하는 데는 아무 문제가 없다고 자신 있게 충고했다.

적극적인 정신자세의 힘(PMA)

"나폴레온 힐의 인생철학은 과거에 배우지 못한 것들을 당신에게 가르쳐줄 것입니다. 그중에도 특히 목표에 이를 수 있는 법칙을 발견해 연결하고 통합하여 응용하는 방법을 알려줍니다. 또한 당신의 목적이 하나님의 계획과 어긋나지 않는다면 주변 사람들에게 절대 손해를 끼치지는 않을 것입니다."

– 클레멘트 스톤(Clement Stone, 세일즈 대가)

클레멘트 스톤은 세일즈맨 역사에 영원히 남을 인물로 꼽힌다. 그는 6세 때부터 신문팔이를 해야 했을 정도로 가정형편이 어려웠다고 한다. 그가 13세 때 어머니가 보험회사 외판원으로 취직한 덕분에 어머니를 따라 시험 삼아서 보험을 팔아 본 것이 계기가 되어 보험 세일즈맨이 되었다.

그렇게 해서 20대인 1920년대 말 이미 사원 1,000여 명을 거느린 보험회사의 사장이 되었다. 그 후 이 회사는 전국에 지사를 둔 거대한 조직으로 발전했고, 그로써 스톤은 20대 후반에 벌써 백만장자 문턱에 들어설 수 있었다.

그러나 1930년대 대공황을 맞아 모든 기업이 내리막길을 걸었고 스톤의 회사도 예외는 아니었다. 그 어려웠던 시기에 힐의《성공의 법칙》과《사고는 현실화한다(Think & Grow Rich)》를 만났다. 그는 정신없이 이 책들에 빠져들었는데, 책에 담긴 철학이 자기 생각과 너무나도 흡사했다고 한다.

당시는 대공황으로 큰 위기였기에 스톤은 자신이 직접 세일즈에 뛰어들기로 결심했다. 그런데 놀랍게도 그가 올린 실적이 1920년대 호황기 때, 즉 자신이 슈퍼 세일즈맨 시절에 올린 실적보다 훨씬 더 좋았다고 한다. 그는 그런 실적이 앞의 책에서 얻은 생각과 노하우 덕이라고 말하곤 했다. 자신이 실제 적용해 봄으로써 어느 정도 검증되자 그때부터 '하면 된다, 될 수 있다'는 것을 확신하게 되었다.

"그래! 될 수 있다. 어떤 경우에도 확실히 할 수 있다는 정신자세가 중요한 거야."

스톤은 이때의 경험으로 세일즈맨에게는 정신자세, 즉 '할 수 있다'는 적극적인 정신자세가 중요하다는 사실을 깨닫고 미국 전 지역의 지사장 앞으로 공문을 발송했다.

"판매는 시장의 경기나 고객의 상황에 따라 좌우되는 것이 아니라 세일즈맨의 정신자세에 달려 있다. 세일즈맨들에게 정신자세에 관한 교육을 하라."

그러나 사장 지시라고 해서 지사장들이 모두 따라주지는 않았다. 오히려 그 반대였다. 이러한 사실을 눈치챈 스톤은 지사장들에게 교육을 맡겨서는 안 되겠다고 판단해 자신이 직접 지사를 돌면서 세일즈맨을 교육하기로 했다. 그리고 그 일을 위해 책으로 자신에게 큰 영감을 주었으나 이미 은퇴한 나폴레온 힐을 찾아가 도움을 요청했다. 힐은 이 요청에 응했고, 이후 둘은 교육에 열정을 기울이게 된다.

교육이 얼마나 중요한지, 또 세일즈맨의 정신자세가 얼마나 중요한지 세일즈맨들을 계속 교육한 결과 1960년대에는

200명이던 직원이 5,000여 명으로 늘어나면서 회사가 크게 도약했고 그중 40명 이상이 백만장자로 독립해서 나갔다.

스톤은 그 후로도 계속 성공에 성공을 거듭해 여러 개 기업을 소유하게 되었으며 1970년《포천(Fortune)》지는 스톤을 미국의 50대 재벌 중 한 사람으로 꼽기도 했다.

이렇게 힐의 책을 인연으로 만난 스톤과 힐은 의기투합하여 함께 전국을 돌며 세일즈맨 교육을 해나갔고, 그때의 경험과 프로그램(Science of Success)을 토대로 공동으로 저술한 책이 바로《PMA(Success Through a Positive Mental Attitude)》이다.

이때에 이르러 비로소 카네기에서 시작해 오랜 세월 힐이 땀 흘린 결실인 성공철학은 책 3권으로 완성되었다. 그것은 바로 앞서 언급한 기본서이자 성공철학의 핵심원리를 담은 《성공의 법칙(The Law of Success)》과《사고는 현실화한다(Think & Grow Rich)》그리고《PMA》이다.

물론 힐에게는 이 3권 말고도 이후 출판된 저작이 10여 권 있으나 핵심원리를 설명한 앞의 두 권을 제외한 나머지는 강의나 교육 프로그램을 진행하면서 정리한 원고를 바탕으로 보충 자료로 출판한 것들이다. 따라서 그 책들 역시 앞의 2권과 핵심원리는 같다.

"이토록 오랜 시간 노력을 기울여 '성공학'을 완성한 데 감사드립니다. 이것은 완벽한 철학이며 당신의 철학을 좇아 노력하는 사람들에게 큰 유익을 가져다줄 것입니다."

– 토머스 에디슨(Thomas A. Edison, 발명가)

"나폴레온 힐 박사의 책이나 프로그램이 멋있는 것은 성공의 과학을 매우 간결하고 이해하기 쉬운 공식으로 정리했다는 점이다."

– 얼 나이팅게일(Earl Nightingale, 동기부여 오디오 회사 창업자)

"성공의 비밀은 자신이 스스로 일하는 데 있지 않고, 그 일을 최고로 잘하는 사람을 아는 데 있다. 그런 내용을 나폴레온 힐이 잘 정리할 것을 믿어 의심치 않는다."

– 앤드류 카네기(Andrew Carnegie, 철강왕)

| 차 례 |

나폴레온 힐과의 대화(1)

거부(巨富)가
되는 꿈

성공이란 다른 사람의 권리를 침해함이 없이 인생에서 원하는 것을 이룰 수 있게 해주는 힘의 개발이다. 그것은 성공과 힘은 떼려야 뗄 수 없는 관계이기 때문이다. 우리는 격심한 경쟁의 시대를 살고 있다. 이런 세상에서 지속적인 성공을 누리기 위해서는 힘의 사용을 통해 성공을 획득해야 한다.

― 명확한 중점 목표

[Kim] 선생님은 성공, 부(富), PMA, 사고(思考), 마스터 마인드, 황금률 등을 소재로 한 저술을 통해 인류에게 불멸의 성공철학을 선물하셨습니다. 이 책들은 시대를 넘어 수많은 사람의 삶에 큰 영향을 미치고 있습니다. 어떤 계기, 어떤 연유로 부와 성취에 관한 책을 집대성하게 되었는지요?

[Hill] 나의 책에 대해 후세 사람들이 높게 평가해 준다

23

니 반가운 소리군요. 몇 권의 책 중 《성공의 법칙》은 내 나이 45세 때인 1928년에 완성했고 《사고는 현실화한다》는 대공황의 후유증으로 사람들이 고통받을 때인 1937년에 사람들에게 용기를 줄 목적으로 썼는데, 사실 이 책은 《성공의 법칙》을 보급판으로 만들어 세계에 전하려는 목적이었지요.

뒤에 얘기하겠지만 인류에게 성공에 대한 철학을 남기겠다고 카네기와 약속한 지 20년 후에 탄생한 책이 바로 이 《성공의 법칙》이라오. 즉, 오랜 세월에 걸쳐 세상에 선보인 결과물인데 집필을 마무리하고 보니 1,800페이지 정도 분량에 원고지 무게만 3킬로그램이나 되더군요. 그래서 처음에는 8권으로 제본하여 발매했지요.

이런 집대성된 결과물들은 1908년 가을에 태동하기 시작했다오. 당시 나는 조지타운 법과대학에 다녔는데 학비와 생활비를 벌기 위해 잡지 《밥 테일러즈 매거진(Bob Taylor's Magazine)》에 성공자들의 인터뷰 기사를 썼어요.

그런데 내가 최초로 인터뷰한 인물이 공교롭게도 그 당시 세계적으로도 알아주는 큰 부자이자 잘나가는 성공자 중 한 사람이며, 세계 제일의 철강왕으로 이름을 날리던 카네기였다오. 당시 햇병아리 수습기자에 불과했던 나에게는 너무나

과분한 상대이기도 했지만 용감하게 도전했소.

그때만 해도 젊어서 패기가 넘치기도 했지만 더욱 믿을 수 없는 사실은 카네기가 3일간이나 나를 피츠버그에 있는 자신의 자택에 붙들어 놓고 많은 이야기를 해줬다는 점이오.

우선 그는 자기가 얼마만큼 성취를 이루었는지를 이야기했고, 세상에 아무리 보잘것없는 사람이라도 얼마든지 자기가 원하는 것을 얻을 수 있다는 것과 본인이 그런 사람들의 개인적인 성과 달성에 도움이 될 만한 성공철학을 전파하고 싶다는 얘기를 했다오.

그곳에서 3일간 계속된 인생과 성공에 관한 철학 이야기가 끝나갈 무렵 그 거인(巨人)은 나에게 다그치듯이 제안했소.

"자, 힐군 어떻게 하겠나? 나는 자네에게 3일 밤낮으로 인생과 성공에 관한 얘기를 했네. 이제 나는 자네가 '예' 아니면 '아니요'로만 답할 수 있는 질문을 던져야 할 때가 된 것 같군. 나는 자네에게 인류에게 영원히 남을 '성공의 법칙 혹은 성공의 철학'을 체계화하는 작업을 맡길 생각이네. 그것은 '아마도 한 20년 정도 걸릴 것 같은데, 자네가 그 프로그램을 맡아 완성할 생각이 있는가?'라는 것이라네."

Kim 인터뷰를 하러 갔는데 오히려 인터뷰를 당한 셈이군요. 3일이라면 긴 시간인데 그때 상당히 중요한 이야기들이 많이 오고 갔겠는데요? 그분이 무슨 얘기를 들려주었나요? 그리고 그것이 얼마나 특별한 프로젝트이기에 2년도 아니고 20년을 투자하여 마무리하라는 것인지 황당하기까지 한데요. 제안을 받고 어떤 생각이셨나요?

Hill 하하하, 맞아요. 그런데 더 황당한 것은 아직 안 나왔다오. 어쨌든 그때 카네기는 3일 동안 얘기해 주면서 만인(萬人), 즉 누구나 큰 부자가 될 수 있는 철학이라고 했다오. 물론 나도 동의했소. 그런데 문제는 나에게 그 이론을 완성하라고 제안한 것이오. 그것도 20년 정도 걸릴 거라고 하면서 말이오. 순간 나는 당황했소. 눈앞에 있는 사람이 세계 제일의 철강왕이자 대부호인데 농담할 리는 없으나 제안 자체에 무리가 있었기에 내 대답 역시 질문일 수밖에 없었지요.

"잠깐만요. 선생님, 제가 잘못 들은 것은 아니지요? 20년간이나 그 일을 해야 한단 말입니까?"

한편으로는 당황스러웠지만 이 대(大)부호가 자기를 위해 20년이나 일을 하라는 말에 어쩌면 이것은 '큰 기회일지도

모른다'는 생각이 순간적으로 들었다오. 그래서 대답을 기다
릴 새도 없이 또 별 망설임 없이 대답했지요.

"예! 알겠습니다. 제가 하겠습니다. 꼭 시켜주십시오!"

"아주 좋아. 꼭 해주게. 단, 분명히 해야 할 것이 있네. 그 일
을 하는 동안에도 자네에 대한 금전적 지원은 일절 없을 것
이네. 그래도 괜찮겠나?"

"예? 아니, 그건 또 무슨 소리입니까? 20년이 걸리는 프로
젝트를 무보수로 하라는 얘기인가요?"

그 말을 듣는 순간 마음속으로는 '아니, 지금 이 사람이 무
슨 소리를 하는 거야? 20년이나 보수 없이 일하라는 건가?'
하는 혼란스러움에 당황할 수밖에 없었다오. 그리고 짧은 순
간이지만 많은 생각이 교차할 수밖에 없었지요.

당시 나는 학생이었기에 대학에 내야 하는 돈도 만만치 않
은데 보수 한 푼 없이 어떤 일을 하는 것은 무리가 아닌가 하
는 생각에 마음 한구석에서는 '거절하자!'라는 외침도 들려
왔다오. 그러나 다른 한편에서는 '예스라고 대답해! 무엇이
머뭇거릴 일인가?'라는 외침이 더 크게 들려왔지요. 나와 성
공과의 인연은 그렇게 시작되었다오.

사실 당대의 거인 카네기가 애송이 기자인 나를 친히 집으

로 초대한 것 자체가 드문 일이지만 어쨌든 우리 두 사람은 실제로 사흘 동안 내내 만났지요. 그때 이미 나이가 많았던 카네기는 자기계발의 대가들이 걸어온 삶의 길을 낭만적으로 들려주었고, 이들의 사상이 여러 세기에 걸쳐 우리 문명에 미친 영향을 이야기해 줬다오.

카네기는 인간의 본성을 잘 알았고 또한 열정으로 충만한 젊은이들에게 동기를 불어넣는 것이 도전할 만한 가치가 있는 일이라고 생각했지요. 그 일을 위해서는 패기가 있고 외향적이며 탁월한 추진력을 갖춘 젊은이가 필요하다고 했소.

과분하게도 그는 나를 좋은 파트너로 평가해 주었다오. 이성과 감성이 적절히 균형을 이룬 젊은이를 찾아 큰 가르침을 줌으로써 그로 하여금 성공의 철학을 전파하고자 했던 것이었소. 어쨌든 그는 나를 그렇게 좋게 봐주었지요.

당시 25세의 젊은이였던 나는 그의 이야기를 넋을 잃은 채 들었고, 깊은 감동을 받을 수밖에 없었소. 그와의 첫 만남은 의미도 컸지만 특히 그는 나에게 큰 부자, 즉 거부(巨富)에의 꿈을 강하고 깊게 심어주었다오.

Golden Tip 1

정보를 흡수하면서 기회를 잡아라

위대한 사람에게는 목표가 있고,
평범한 사람에게는 소망이 있을 뿐이다.

― 워싱턴 어빙(Washington Irving, 미국 수필가·소설가)

　우리가 사는 이 세상은 시시각각 변하며 치열한 경쟁은 일상이 되었다. 이것을 잘 인식하고 자진해서 여러 가지 정보를 입수해 분석하면서 그에 맞는 마음가짐을 가져야 하는 것은 강조할 필요도 없다. 날로 진보하고 변화를 계속하는 현대에는 쉴 새 없이 새로운 아이디어가 필요하다. 그에 따라 새로운 상품과 생산방식을 추구하고 새로운 발명, 새로운 소재, 판매수법의 혁신, 새로운 정보 형태 등을 요구한다.

　그와 같은 요구를 배경으로 했을 때 비로소 승리를 얻기 위한 바탕이 마련된다. 또 사람들이 갈망하는 것을 알게 됨으로써 목표를 명확하게 세울 수 있다. 그리고 불타오르는 소망은 바로 거기에서 솟아난다.

　앞으로 큰 부(富)를 쌓으려면 일정한 일을 하면서도 자신이 그리는 꿈을 구체화하려고 힘써야 한다. 그리고 기회를 예측해 인간 생활을 더 쾌적하게 만들어내야 한다. 이때 주의할 것은 꿈꾸는 것을 경멸하는 것과 같은 태도를 보이는 사람의 영향을 받아서는 안 된다는 것이다.

요즘처럼 사람들이 경쟁을 치열하게 벌이고 변화가 격심한 세계에서 커다란 성공을 쟁취하려면 영리해야 한다. 그중 하나로 지난날 위대한 일을 성취한 사람들의 개척자 정신을 몸에 익히지 않으면 안 된다. 개척자는 다른 사람들이 '어떻게 말하고, 어떻게 생각하건 개의치 않고' 스스로 '이것이다!'라고 확신한 것을 열정을 다해 행동으로 옮김으로써 꽃을 피운 사람들이다.

자기가 하고자 하는 일이 객관적으로 봐서 정당하고 또 스스로 그것을 절대적으로 믿는다면 그 뒤에 해야 할 일은 하나밖에 없다. 돌진하는 것이다! 그런 행동으로 자기 꿈을 종횡으로 살리는 것이다. 이때 처음에는 실패의 쓴맛을 볼 수도 있다. 그러나 그곳에서 성공의 씨앗이 움트고 있다. 다른 사람이 '만일 실패한다면 어떻게 하겠나?'라는 의문을 던지더라도 절대로 그 의견에 영향을 받지 말아야 한다. 그들은 '실패는 모두 성공의 씨앗이다'라는 진리를 잘 모르는 사람들이다.

예컨대 토머스 에디슨은 전기 장치로 환한 전등을 만들겠다는 꿈을 꾸었다. 그 꿈을 실현하려고 잠자는 일과 먹는 일도 잊은 채 매달렸지만 수만 번도 넘게 실패했다. 그러나 그는 성공할 때까지 그 꿈을 포기하지 않았다. 그랬기에 그의 집념이라고도 할 소망은 성공이라는 결실을 맺은 것이다. 그처럼 현실에 바탕을 둔 실천적 몽상가는 결코 중간에 단념하지 않는다.

라이트 형제는 공중을 유연하게 날아다니는 새를 보면서 '하늘을 자유자재로 날 수 있는 탈것을 만들 수 없을까'라는 꿈을 꾸었다. 그 결과 오늘날 전 세계 사람들은 쾌적하게 하늘을 날 수 있게 되었다. 라이트 형제의 꿈은 단순한 공상이 아니었던 것이다.

굴리엘모 마르코니는 인간의 눈에 보이지 않는 전파의 힘을 이용하는 것에 자신의 꿈을 걸었다. 그로부터 시간이 많이 흐른 지금 온 세계에 보급된 텔레비전, 라디오 통신 등을 보면 그의 꿈이 결코 헛된 것이 아니었음이 증명된 셈이다.

마르코니가 전선 등의 물질적 매체 없이 공기를 통한 전파의 힘으로 통신이 가능한 원리를 발견했다고 밝혔을 때 친구들은 그를 정신병원으로 데리고 갔다. 이런 황당한 얘기를 상기해 보면 오늘날 꿈을 꾸는 사람들은 훨씬 행복하다. 오늘날에는 지난날의 '꿈을 꾸는 사람'이 생각조차 하지 못할 정도로 기회가 넘쳐나니 말이다.

그러므로 꼭 알아야 하는 점은 무엇인가를 하기에 적당한 시기 같은 것은 존재하지 않는다는 것이다. 지금 시작하라. 현재 가지고 있는 무기가 무엇이든지 그걸로 시작하라. 더 나은 무기는 일을 하다 보면 장착될 것이다.

그러면 어떻게 그런 소망의 힘을 몸에 익히고 또 구사할 수 있을까? 그 대답은 이 책에서 충분히 설명할 것이다. 그가 누구이든, 어떤 조건이든 이제까지 명백하게 할 수 없었던 성공학의 신비를 체험하게 된다. 이로써 확고한 소망에 충전된다면 불가능은 존재할 수 없고 실패를 인정할 필요가 없다는 사실을 알게 될 것이다.

《The Law of Success》

나폴레온 힐과의 대화(2)
새로운 성공법칙의 등장

자기 확신, 즉 자신감의 개발은 옆에 가만히 앉아 "너는 할 수 없어. 너는 시작하는 걸 두려워해. 너는 남들의 이목이 두렵고 실패할까 봐 두려워해. 그리고 능력이 없을까 봐 두려워해"라고 속삭이는 두려움이라는 악마를 제거하는 것에서부터 시작되어야 한다.
　　　　　　　　　　　　　　　　　　　　　　　　　　　　　　　　　　－ 자기 확신

Kim 앞에서 들려주신 내용을 정리해 보면 이런 얘기가 되네요. 적어도 20여 년이 소요되는 일을, 생계유지에 필요한 최소한의 자금도 지원하지 않으면서, 성공과 실패의 원인을 연구하여 정리하라는 것이군요. 그런데 선생님은 어떤 연유로 그 무모해 보이는 일을 기꺼이 받아들였습니까?

Hill 무모해 보인다는 의견에 나도 동의하오. 그러나 사람이 어떤 선택을 할 때 중요한 것은 따로 있어요. 그것은 자기 마음속의 또 하나의 자기 의지라오. 내 경험으로 보면 어떤 일로 헤맬 때 용기를 주는 마음속의 목소리가 나를 격려했다는 것을 알 수 있었지요.

예컨대, 내가 고교를 졸업하고 실업학교의 1년 코스를 나왔을 때도 그런 경험이 있었다오. 그대로 취직할까 아니면 변호사가 되기 위해 법과대학으로 진학할까 고민할 때 마음 한편에서 '대학으로 가라! 학비는 일을 하면 어떻게든 마련된다'라고 속삭이는 소리가 들렸고, 나는 그 속삭임에 따라 대학으로 진로를 바꾸게 되었지요.

같은 이치로 카네기에게서 제안을 받았을 때도 나는 거침없이 대답한 것 같소. 그런 경험이 있어서 카네기가 대답을 종용할 때 즉각 반응한 것이지요.

"잘 알겠습니다. 그 일을 꼭 저에게 맡겨주십시오!"

그러나 사실을 실토하자면 그 짧은 순간에 왜 그렇게 대답했는지, 어떻게 그렇게 말할 수 있었는지는 잘 알 수 없지만 확실히 그렇게 대답한 것은 사실이오. 그런데 카네기의 반응이 젊은 나도 이해하기 어려울 만큼 황당했소.

"29초! 자네가 대답할 때까지 29초 걸렸네! 나는 1분을 넘기면 단념할 생각이었네. 이 같은 중요한 결단은 1분 이내에 내릴 수 있는 인간이 아니면 안 되지. 결단이 늦는 인간은 마지못해 결정한 뒤에 행동도 늦는 법이라네. 그러나 자네는 참으로 훌륭하군!"

내용은 자세히 모르겠으나 나의 빠른 대답에 이 대(大)부호는 참으로 만족스러운 표정을 지었다오. 그 말을 듣고 나 역시 기분이 나쁘지는 않았지요.

"예! 그렇습니까? 그럼 인간이 살아가는 데 결단력은 큰 장점이 되겠군요."

그는 내 말에 동의하는 투로 얼굴에 웃음을 띠면서 이렇게 매우 의미심장한 얘기를 했다오.

"그렇다네. 실은 말일세, 나는 자네 이전에 이 프로젝트를 이미 260명 이상에게 얘기했는데 아무도 만족할 만한 대답을 해주지 않았네! 자네처럼 신속하게 판단을 내리는 사람은 드물었다는 얘기지."

그 말을 들으면서 속으로는 '거절하는 사람이 정상이지. 제정신이라면 보수도 한 푼 없이 어떻게 20년을 투자한단 말인가? 그런데 내 가슴속 고동이 아무래도 이 일을 하고 싶은 모양이군. 도대체 왜 그럴까?'라는 생각을 지울 수 없었지요.

그러나 어쨌든 카네기와 3일간 나눈 대화는 매우 흥미진진했다오. 그때 카네기가 했던 이런 질문이 생각나는군요.

"도대체 이 나라의 어떤 요인들 때문에 나 같은 이민자들이 기업을 세우고 부를 축적할 수 있었다고 생각하나?"

카네기는 스코틀랜드 이민자 출신이지요. 대부호이면서도 소탈하고 허세라고는 별로 없었던 카네기는 내가 대답하거나 쉴 틈도 주지 않고 또 물었소.

"이 땅의 모든 사람에게 적용할 수 있는 성공의 비결이 무엇이라고 생각하나? 또 그런 것이 있기는 하다고 생각하나?"

내가 미처 대답을 생각하기도 전에 그는 또 말을 이었지요.

"나는 자네에게 앞으로 이 주제에 대한 답을 찾는 것에, 그리고 미국의 성공철학을 연구하는 데에 20년을 투자해 보도록 제안했고 자네는 하겠다고 대답했네? 동의하는가?"

그러면서 카네기는 자신이 왜 그런 제안을 했는지 부연 설명했는데 그것은 나에게는 매우 흥미로운 내용이었다오. 그리고 20년을 투자해도 아깝지 않을 것이라는 확신을 갖게 하는 대목이기도 하였다오.

[Kim] 저도 정말 궁금해지는군요. 그 일 자체는 이해되

지만 그게 그렇게 오래 걸려야 하는 일인가요? 무슨 특별한 내용이 포함되어 있는지 모르지만 보수는 한 푼도 없고, 그렇게 오랜 시간이 걸린다는 조건 또한 쉽게 납득되지 않습니다. 과연 카네기의 의도는 무엇이었나요?

Hill 그의 말이 납득이 안 되는 게 당연하지요. 나도 처음에는 그랬다오. 사실 부자가 되고 싶다는 소망은 간혹 이기주의적이라는 오해를 받기도 하지만 인간이라면 누구나 지니는 자연스러운 욕망이지요. 카네기 역시 그것을 잘 알았기에 평생 모아둔 엄청난 재산은 물론 인적 교류 등으로 쌓아올린 경험과 지혜를 사회에 환원하기로 결심하고 그 한 부분으로 나를 통해 누구든 부를 가질 자격을 제공하기로 한 것이지요. 그는 이렇게 얘기했다오.

"소크라테스와 플라톤의 철학도 좋지만 그와 같은 유럽의 철학과는 다른 성공의 철학이 이제부터는 만인에게 필요한 시기가 올 거야. 잘 듣게. 나는 그 성공철학의 프로그램을 완성하기 위해 자네에게 성공자 500여 명을 소개하겠네! 될 수 있으면 나도 협력하겠지만 나는 워낙 나이가 들어서 크게 도움은 되지 않을지도 몰라. 그 대신 자네의 젊은 힘으로 반드시 프로그램을 완성해 주게!"

카네기의 생각을 정리해 보면 앞으로 세계는 누구나 일정 조건만 충족된다면 부를 가질 자격이 있다는 것이었다오. 거기다 부자가 되는 조건이 매우 엄격해야 하는 것이 아니라 누구나 갖출 수 있어야 하며 그 과정에서 어떠한 속임수나 허황한 것이 아닌 증명된 것을 나를 통해 정리하고 싶었던 거지요. 나는 그의 진지함 속으로 점점 빠져들어 갔다오.

"네, 잘 알겠습니다. 꼭 그렇게 하겠습니다."

당시 그가 나에게 해준 이야기에는 인생의 명확한 목적을 설정하고 이를 성취하기 위해 반드시 도움이 필요한 사람들과 그들의 교육, 경험, 전문기술을 어떤 식으로 활용해야 하는지가 포함되어 있었다오.

또한 카네기 본인이 높은 학력이 아니었음에도 크게 성공한 것을 반영하듯 이 부분에 대한 설명도 빼놓지 않았지요. 말하자면 비록 학력이 낮아도 그 핸디캡을 극복하고 정규교육을 받은 사람들 못지않게 성공적으로 인생의 목표를 달성할 수 있다는 것이었다오.

내가 해야 할 일은 그런 수단들, 즉 수많은 혜택을 가져올 일종의 '마법의 열쇠'를 정리하고 체계화해서 책으로 펴내

많은 사람에게 알려주어야 하는 것이었다오. 어떤 때는 나를 희생해야 하는 큰 사명감이 필요한 작업이었지요.

사실 사람은 살다 보면 때때로 이치에 어긋나는 곳에서 행동을 시작할 때가 있는 법이지요. 당시 내가 그랬는데, 그렇지만 어쨌든 막 시작하려는 이 터무니없는 일이 큰 보람과 성취감을 주리라는 예감이 들더군요. 물론 그런 이유로 열정이 생기기도 한 것 또한 사실이었소.

그러나 동기가 좋다고 해도 어쨌든 당시에는 아무래도 알 수 없는 두 가지 의문이 있었다고 앞에서 이미 얘기했지요. 그것을 반복해 보면 '왜 그 일이 20년이나 걸린단 말인가?'와 '왜 무보수인가?' 하는 점이었다오.

물론 그런 의문은 시간이 한참 흐른 뒤에야 성공철학의 이치에 맞는 조건이었다는 것을 알았지만 당시에는 그런 조건이 이해가 안 된 것이 사실이었소. 그렇지만 무리인 것 같은 그의 제안 이면에 자리 잡은 깊은 뜻을 훨씬 뒤 카네기에게서 직접 들었다오.

"힐군! 아무래도 내가 제시한 조건에 의문이 있을 텐데 한번 볼까? 나는 성공의 노하우를 자네에게 직접 가르쳤네. 그뿐만 아니라 성공한 많은 사람과 연결해 주었고, 자네는 그들을 인터뷰했을 뿐만 아니라 오랜 시일 협력하며 교분을 쌓을 수 있었지. 그 얘기는 성공자들에게서 얻게 되는 노하우와 좋은 인맥에 노출된다는 뜻이지.

그런 조건이 바탕이 된다면 자네가 성사시키지 못할 일은 없을 거야. 가령 자네가 원하기만 한다면 큰 부자, 즉 갑부도 될 수 있겠지. 두고 보게. 틀림없이 내가 말한 대로 될 거야. 내가 원하는 것은 자네가 부자가 되기도 해야겠지만 그에 머물지 않고 그 법칙을 세상 모든 사람에게 남기라는 일일세.

말하자면 단순히 글을 쓰는 기자가 아니라 자네 자신에게 적용해서 실제로 성취를 해봐야 살아 있는 지식, 즉 법칙이 만들어지는 것이라네. 나는 자네가 잘해내리라고 믿기에 이 일을 맡긴 걸세."

Golden Tip 2 ───────────────

비즈니스와 오락은 함께 할 수 있다

생생하게 상상하고, 간절하게 소망하고,
진심으로 믿고, 열성을 다해 행동하면 반드시 이루어진다.
                        − 폴 J. 마이어(Paul J. Meyer, 미국 성공학 강사)

보험 세일즈맨이었던 만레는 사냥과 낚시를 좋아했다. 그가 꿈꾸던 멋진 생활이란 엽총을 가지고 숲속으로 80킬로미터 이상 헤쳐 들어갔다가 2~3일 뒤에는 진흙투성이가 되어 매우 행복한 마음으로 돌아오는 것이었다.

만레가 꿈꾸는 행복한 인생에 대한 유일한 어려움은 보험 세일즈맨의 업무가 너무나도 많은 시간을 빼앗아 간다는 것이었다. 그러던 어느 날, 정말로 마음에 드는 호수를 떠나 회사가 있는 도시로 돌아오려고 할 때 불현듯 그에게 어떤 어처구니없는 아이디어가 떠올랐다.

어딘가 황야 한가운데에 보험이 필요한 사람들이 살지는 않을까? 그렇다면 일하면서 동시에 즐길 수 있지 않을까! 만레는 자기가 꿈꾸는 생활을 실제로 할 수 있는 방법을 찾았다. 알래스카의 철도회사에서 일하는 사람들이 많다는 사실을 알아낸 것이다.

그들은 800킬로미터에 이르는 선로를 따라 흩어져 살았다. 만일 그 같은 철도원, 금광의 광부들 그리고 그 연변에 있는 사냥꾼들에게 보험을 팔 수 있다면 어떨까 하는 아이디어였다. 그 생각이 떠오른 그날부터 만레는 적극적으로 계획을 세웠다. 드디어 여행 안내소와 상담한 뒤 짐을 꾸리고 떠날 준비를 했다.

만레는 숨 쉴 틈도 없이 일을 계속하며 실패할지도 모른다는 공포심이 끼어들 여지를 막아버렸다. 그리고 자기 아이디어의 성패를 따지는 대신 먼저 알래스카를 향하여 훌쩍 떠났다. 그러고 나서 철도 노선을 따라 계속 걸으며 자신을 알려 나갔다.

얼마 지나지 않아 '걷는 만레'라는 별명이 붙은 그가 인가에서 멀리 떨어져 사는 사람들에게 환영받는 인물이 된 것은 이제까지 누구에게도 관심의 대상이 되지 못한 그 사람들을 보험에 가입하도록 해주었기 때문이다. 그런 과정을 거쳐 만레는 그들이 자신을 외부 세계의 대표자로 받아들이도록 했다.

만레는 자기 주업에서 벗어나는 서비스도 도입했다. 이발하는 법을 배워 무료로 머리를 깎아주었고 요리 방법을 배워 음식도 대접해 주곤 했다. 그곳에 있던 독신 남자들은 대개 통조림과 베이컨밖에는 먹을 것이 없었으므로 그의 요리 솜씨는 크게 환영받았다.

그동안에도 만레는 한편으로는 자기가 하고 싶은 취미활동은 빠짐 없이 해나갔다. 산을 넘어 사냥하고 낚시도 하면서 그의 표현에 따르면 '만레 특유의 생활방식'을 실행했다.

생명보험업계에는 연간 백만 달러 이상의 보험을 올린 사람에게 주는 특별 명예의 자리가 있다. 그것은 '백만 달러 클럽'이라고 불리는데 만레에게 그 영광이 주어졌다. 오지(奧地)에서 자기 생활을 즐기던 그에게 주목할 만하고 믿기 어려운 일이 일어난 것이다. 만레는 충동적으로 알래스카로 날아간 다음 아무도 돌보지 않던 그곳에서 철도 노선을 따라가면서 백만 달러 가치의 일을 했던 것이다. 그 결과 불과 1년 만에 백만 달러 클럽에 들어갈 수 있었다.

만일 만레가 그 '어처구니없는' 아이디어가 번득였을 때 일을 성취할 비결을 적용하는 데 주저했다면 그런 일들은 결코 일어나지 않았을 것이다. 이 사례에서 '곧바로 착수하라!'라는 셀프 스타트의 교훈을 얻고 잘 기억해 둘 일이다.

이렇게 신속한 행동, 즉 '곧바로 착수하라!'라는 덕목은 잘 기억해야 한다. 그것은 인생의 어떤 면에든 영향을 줄 수 있다. 물론 자기가 꼭 해야 하지만 어쩐지 하고 싶지 않은 일을 해야 할 때도 도움을 줄 수 있다. 반면에 그다지 내키지 않지만 하지 않으면 안 되는 일에 우물쭈

물하는 것을 그만두게 할 수도 있다.

즉각적인 행동은 만레가 그랬듯이 누구나 하고 싶은 것을 할 수 있도록 도와줄 수도 있다. 또한 한 번 잃으면 다시는 만날 수 없는 것과 같은 귀중한 순간을 포착하는 데도 도움이 된다. 예컨대, 친구에게 애정을 표현하는 말을 하거나 동료에게 존경한다고 말하는 전화를 거는 것 등 인간관계의 모든 것은 '곧바로 착수하라!'고 하는 셀프 스타트에 따라야만 하는 것이다.

이런 사례에서 알 수 있듯이 좋아하는 일을 하면서 비즈니스도 충분히 가능한 것이다.

《PMA(Positive Mental Attitude)》

나폴레온 힐과의 대화(3)
운명적인 만남의
계기

빚은 자비라고는 없으며 빈곤은 그 자체로 야망을 죽이고 자기 확신과 희
망을 파괴한다. 다른 누군가에게 빚 때문에 종속되고 인생을 쇠사슬에 묶인
죄수처럼 살아야 한다는 것은 생각만 해도 끔찍한 일이다. 이런 부채의 축
적 또한 습관이다. 처음에는 대수롭지 않게 시작되지만 점차 막대한 비중으
로 늘어 결국에는 한 사람의 영혼을 망쳐버리게 된다.　　ー부(富)의 습관

[Kim] 카네기의 제안에 선생님의 선택이나 생각은 그렇
다 해도 주위의 반응은 어땠습니까? 그 무렵 학교에 다녔다
면 생활비나 학비도 벌어야 하지 않았나요? 카네기와의 약속
에 주변에서는 별로 우호적인 반응은 아니었겠는데요?

Hill 맞아요. 정확하게 그랬지요. 그 무렵 나는 학생이
기도 했지만 가정도 이루었으니 생활 자체가 어려운 시절이

45

었소. 카네기와 인터뷰를 마치고 워싱턴에 있는 집으로 돌아왔을 때 마침 우리 집에 와 있던 동생에게 카네기와 나눈 이야기를 들려주었지요.

"그 일을 맡는다고 약속했어. 이제부터는 더 바빠질 거야."

사실 카네기에게서 인정받았다는 것, 예컨대 29초 만에 '좋다'고 한 나를 높이 평가했다는 등 자랑하고 싶었는데 잠자코 듣고 있던 동생의 반응은 충격적이었다오.

"아니… 잠깐. 그러니까 형님은 20년이나 공짜로 일하겠다고 약속했단 말입니까? 형님에 대한 내 생각은 빗나가지 않네요. 나는 어릴 적부터 형님이 불량하기도 했지만 머리가 조금 이상하지 않은가 생각했어요! 이제 형님이 정말로 미쳤다는 것을 확신하게 됐어요! 나는 바빠서 이만 갈 테니 형님이 알아서 잘 해보슈!"

그 말을 듣고 '동생이란 녀석이 형에게 그 같은 충격적인 말을 하다니…' 하며 서운하기도 했지만 동생의 말이 맞을지도 모른다고 생각했소. 사실 누가 20년이나 공짜로 일한단 말이오! 제정신이라면 있을 수 없는 일이지요.

집으로 돌아오고 나서 오래지 않아 마법과도 같았던 카네기의 강렬한 인상은 엷어졌다오. '역시 부자놀음에 걸려든 것인가.' 그 뒤 친척과 친구들은 거의 모두 동생과 같이 반응했는데 다행스럽게 내 뜻에 찬성하는 사람도 있었어요. 바로 새어머니였다오. 어머니는 항상 나에게 용기를 주곤 했소.

"무엇을 망설이니? 세계 제일의 강철왕이 너를 신뢰하고 일을 부탁한 게 아니니? 아마도 반드시 돈 이상으로 무언가 얻게 될 거야. 너라면 잘해낼 수 있어. 주변에서 뭐라고 해도 용기를 내서 해봐!"

주위의 많은 반대 속에서도 그런 진심 어린 격려를 들으니 다시 용기를 낼 수 있었다오.

"그… 그렇죠. 어머님도 그렇게 생각하시죠. 이렇게 용기를 주시니 어쨌든 열심히 해보겠습니다!"

"당연하지. 이런 기회는 평생 다시 오지 않을지도 몰라."

주변 사람들의 반대가 심해 의기소침하기도 했지만 한편으로는 '그렇다! 어머니도 돈이나 이치가 아닌 무언가를 알고 계신다. 나와 생각이 같은 사람도 있다'고 위안을 얻었다오. 그런 격려는 큰 힘이 되었고 다시 도전할 힘을 얻었소.

[Kim] 말씀하시는 것을 듣다 보면 동생의 반응이 당연한 것 같습니다. 그런 황당해 보이는 계획을 듣고도 믿고 격려해

준 분이 있었군요. 훌륭한 어머니가 계셨기에 평생에 걸친 과업을 계속할 힘을 얻었을 거고요. 이왕 얘기 나온 김에 선생님은 어떤 분인지, 가족은 어땠는지 들려줄 수 있나요?

Hill 그럽시다. 나는 1883년 10월 26일 버지니아주 남서부의 와이즈 카운티라고 하는 작은 마을에서 태어났다오. 아버지는 대장간을 했지만 몹시 가난했고, 태어나서부터 내가 체험한 것은 빈곤과 공포, 미신 그리고 문맹뿐이었소.

나는 동생의 말처럼 불량소년이었어요. 불과 9세 때 6연발 권총을 건맨처럼 다룰 수 있었을 뿐 아니라 난폭하고 거짓말쟁이였기에 서부 개척시대의 제시 제임스가 다시 태어났다고 빈정거리는 사람들도 있었지요.

그즈음 어머니가 돌아가시고 얼마 뒤에 새어머니가 들어왔어요. 아버지가 집에 친척을 모아놓고 그녀를 소개한 날이 기억에 생생하다오. 나는 한쪽 구석에 서 있었지요.

"이 사람이 새 아내 마샤입니다."

새어머니가 친척들에게 잘 부탁한다고 인사하자 아버지가 새어머니에게 나를 소개하며 말했어요.

"저 아이가 나폴레온이오. 개구쟁이이고 쓸모없는 인간이지. 저놈이 당신에게 돌을 던져도 아무도 놀라지 않을 거요."

그러자 새어머니가 놀라면서 이렇게 말했소.

"당신, 이 애는 불량한 아이가 아니에요. 나는 알 수 있어요! 이 아이는 나중에 훌륭한 사람이 될 거예요!"

이날 새어머니 말씀은 나에게는 큰 충격을 주었다오. 새어머니는 내 안에 감추어진 무한한 가능성을 알아챈 거지요. 주위에서 불량배 취급을 받으며 나 자신도 포기했는데 새로운 가능성을 열어주었다고나 할까? 그 뒤 나는 주위에서도 놀랄 정도로 변했소. 부랑아가 모범생이 된 격이랄까?

그런 일로 기분이 좋아진 아버지는 독학으로 치과 기공을 공부한 다음 말을 타고 각지를 돌며 사람들의 치아를 만들어주고 치료도 하는 장사를 시작했지요. 그런데 무면허로 치료를 했기 때문에 치안판사로부터 영업정지를 받고 말았소.

"마샤, 이제 끝장이야. 면허를 얻을 수도 없고…."

"무슨 말이에요. 닥터 힐! 자격증을 따기 위해 시험을 봐야한다면 보면 되잖아요. 당신은 틀림없이 될 거예요. 대학에 가야 한다면 가면 되고요."

"내가 이 나이에 대학을 간다고?"

"그래요! 못할 게 뭐가 있어요? 나이가 대수예요?"

당시 대학에 가려면 돈이 많이 들어야 했지만 어머니는 전남편의 생명보험금을 인출해 아버지를 루이블 치과대학에 보냈다오. 그에 보답이라도 하듯 아버지는 놀랍게도 모든 교과에서 우수상을 받고 4년제 대학을 3년에 마쳤지요. 무면허지만 이미 치과의사 노릇을 했으니 당연한 일인지도 모르겠으나 어쨌든 그 나이에 대단한 일인 것은 분명했지요.

아버지를 당당한 의사로 만든 어머니의 철학은 남편에게 자신감을 갖게 하고 남편을 존경하는 따뜻한 마음씨를 갖는 것이었다고 할 수 있소. 그런 배려심 깊고 훌륭한 모습을 옆에서 지켜보며 어머니를 존경하게 되었는데, 어느 날인가 어머니가 내게 말하더군요.

"나폴레온, 너는 장남이고 이제 열다섯 살이 되었으니 앞으로 무엇을 할지 슬슬 결정해야 하지 않겠니?"

"알아요. 하지만 무엇을 할지 생각해 보지 않았어요."

"그래! 내 생각에는 너는 글쓰기를 좋아하니까 그 방면으로 가면 좋을 듯한데 네 생각은 어때?"

"엄마가 그렇게 말씀하시니 그런 것 같기도 하네요. 그럼 그렇게 할게요!"

그 뒤 몇몇 신문사에 나를 광고하려고 기사를 써서 보냈지요. 다행히 그중 몇 곳에 채용되어 나는 고등학교에 다니면서 뉴스 기사를 써서 적은 액수지만 돈을 벌 수 있었소. 당시 가족 간의 싸움, 밀주 양조 등 기사가 될 소재는 많았다오.

그러던 어느 날 기사거리가 마땅치 않아 고민하던 나는 근처 농장에 대해 가공의 뉴스를 만들어냈는데, 그것은 그 농장에서 밀주를 만들고 있고 세무서 입김이 있었다는 것이었소. 그런데 꾸며낸 이야기가 사실로 드러나는 어처구니없는 일도 있었지요. 결과는 좋았다고 해도 윤리적인 문제였고 이후 다시는 그런 거짓된 일을 시도하지 않았지요.

이런 우여곡절을 겪으며 실업학교의 1년 코스를 마치고 변호사가 되려고 동생과 조지타운 법과대학에 입학했소. 그리고 학비와 생활비를 벌기 위해 잡지사 기자로 일하게 되었는데 그때 처음 주어진 일이 바로 카네기와 인터뷰하는 것이었소.

그렇게 해서 나는 카네기와 아주 깊이 연관되었고 이후 수십 년의 우정, 그리고 평생에 걸친 일을 얻게 된 것이지요.

부(富)는 상상력에서 출발한다

프로가 된다는 것은 내가 하기 싫어하는 일들을
하지 않으면 안 된다는 것을 의미한다.

– 줄리어스 어빙(Julius Erving, 미국 NBA 농구선수)

　재산 축적의 출발점은 상상력이다. 여러 가지 아이디어나 착상이 아
무리 그럴듯해 보여도 상상력이 뒷받침되지 않으면 창조의 과실을 얻
기는 쉽지 않다. 그러면 실제로 상상력이 얼마나 거대한 부를 구축하
게 했는지 사례를 하나 들어보자.

　1887년, 조지아주에 사는 늙은 약제사(의사를 겸했다) 존 펜퍼튼이
마차를 타고 애틀랜타로 왔다. 그는 마차를 세우고 뒷문을 통해 약국
으로 몰래 들어갔다. 그리고 거기에 있던 점원과 1시간 이상 작은 목소
리로 얘기를 나누었다. 은밀한 얘기가 끝나자 약제사는 일어서서 마차
로 돌아가 낡은 주전자와 커다란 나무로 된 패들(젖는 막대기)을 가져
와 점원에게 건네주었다.

점원은 그 주전자를 자세히 살펴본 다음 주머니에서 돈다발을 꺼내 약제사에게 건넸다. 그때 36세이던 점원은 전 재산 1,750달러를 약제사에게 준 것이다. 그리고 약제사는 어떤 비밀 공식이 담긴 메모를 점원에게 주었다. 그 메모에 담긴 공식은 '임금님의 몸값'에 비길 만큼 가치가 있었는데, 그 공식은 주전자로 물을 끓이고 무엇인가를 첨가하는 데 필요한 것이었다.

늙은 약제사는 낡은 주전자와 막대기와 비밀스러운 공식이 거금인 1,750달러에 팔리자 매우 기뻐했다. 그렇지만 점원은 사실 전 재산을 투자해 엄청난 도박을 한 것이었다.

당시에는 약제사도 점원도 이 낡은 주전자가 '알라딘의 램프'도 미치지 못할 정도로 엄청난 황금알을 낳게 해줄 줄은 꿈에도 생각하지 못했다. 점원이 산 것은 하나의 아이디어였다! 낡은 주전자와 나무막대기, 거기에 메모는 우연한 짜맞춤에 지나지 않았다.

그 주전자가 이상한 힘을 발휘하기 시작한 것은 점원이 어떤 '비밀의 요소'를 섞는 데서 비롯했다. 그 비밀의 요소가 어떤 결과를 가져올지는 약제사조차 깨닫지 못했다. 그러면 그 주전자가 황금을 만들어내게 된 이유, 즉 그 점원이 섞은 비밀의 요소는 도대체 무엇이었을까?

그 해답을 말하기 전에 먼저 이 아이디어가 이후에 어느 정도로 막대한 부를 가져왔는지, 지역을 변화시켰는지 살펴보자.

주전자의 내용물은 전 세계의 수많은 사람에게 일자리를 주었을 뿐 아니라 계속해서 막대한 급료를 주고 있다. 게다가 주전자의 내용물에는 막대한 양의 설탕이 필요했으므로 사탕수수 재배나 설탕 정제, 판매에 종사하는 수많은 사람에게 많은 이익을 제공하고 있다.

또 이 주전자의 내용물은 유리병을 연간 몇십억 개나 사용함으로써 유리공업에 종사하는 사람들의 고용을 보장해 주었다. 그뿐만 아니라 많은 점원, 타이피스트를 고용하게 했고 카피라이터에게 일자리를 제공했을뿐더러 이것을 아름다운 그림으로 완성한 아티스트에게 명예와 부를 가져다주었다.

이것은 도시 풍경도 바꿨다. 이 낡은 주전자 덕분에 조지아의 시골이었던 애틀랜타는 남부 최대 비즈니스 도시로 발전했고, 이 도시의 모든 사람은 직간접적으로 커다란 혜택을 받고 있다. 이 아이디어로 전 세계의 수많은 도시에 이익이 돌아갔고 관계자들에게 끊임없이 혜택을 주고 있다. 주전자에서 넘쳐 나오는 엄청난 재정을 바탕으로 남부 제일의 대학이 세워졌고 해마다 전 세계에서 모여든 젊은이 수천 명이 그 대학에서 성공하기 위한 훈련을 받고 있다.

혹시 당신이 '코카콜라'라는 상표를 볼 기회가 있으면 다음 사항을 떠올리기 바란다. 주전자를 산 젊은 점원 아사 캔들러(1851~1929)가 그 메모에 있던 공식에 따라 섞은 비법은 바로 '상상력'이었다는 것이다.

이 책에 있는 성공철학의 각 단계는 코카콜라를 모든 도시와 마을, 온 세계의 거리거리에까지 보급하는 원동력이 된 것, 즉 상상력을 바탕에 두었다. 그러므로 당신도 이 성공철학을 몸에 익히면 코카콜라와 같은 기록도 달성할 수 있다.

《Think & Grow Rich》

부(富) 획득의 6단계

솔선수범이란 주어진 일이 아닌데도 자발적으로 하는 성질을 말한다. 이는 성공을 위해서는 아주 훌륭한 성품이다. 세상에는 명예와 금전이라는 큰 보상이 주어지는 것이 있는데 그것은 솔선수범이다. 솔선이란 말하지 않아도 하는 것이라고 한다면 이것의 아래 단계로는 '한 번 말하면 하는 것'이 있다.

— 솔선수범과 리더십

Kim 　대화의 방향을 바꿔보겠습니다. 《성공의 법칙》을 읽다보면 책에서 제시한 성공의 비결, 그중에서도 '부(富) 획득의 6단계'는 무수한 사람에게 이용되어 어떤 사람은 거부가 되었고, 어떤 사람은 가정의 평안을 얻어 행복을 찾았습니다. 또한 동료들과 비교할 수 없을 정도로 수입이 늘어난 사람도 있습니다. 이런 결과는 처음 아이디어를 제시한 카네기의 가르침 덕이었나요?

Hill 맞소. 카네기는 백지에서 출발해 엄청난 거부가 되었고 그 비결을 알려주고 싶어 했다오. 특히 시간 제약이나 기타 여러 여건으로 그런 아이디어를 접할 기회가 많지 않은 사람들에게 그 비결을 전수하고자 했지요. 말하자면 카네기는 자기 생각을 전달할 메신저로 나를 선택한 셈이오.

카네기는 직업이나 학력 등 외형적 조건에 관계없이 모든 사람에게 자기 비결을 시험해서 그것이 틀리지 않았음을 확인코자 했다오. 일종의 사명감이 있었다는 것이 정확한 표현일 거요. 그는 그 일을 맡기려고 사람을 물색하다가 나를 만나 의뢰한 것이지요.

스코틀랜드 이민자의 아들인 카네기는 전보 배달부로 사회생활을 시작했어요. 이민자가 거의 그렇듯 미국 생활은 순탄하지 않았소. 그의 집안 역시 생활고로 허덕였는데 6단계 법칙을 몸으로 부딪쳐 터득하고 체험하면서 결국 세계 제일의 대부호가 되었다고 했지요.

카네기는 이 6단계를 자기와 친했던 발명왕 에디슨에게 가르쳐주어 그가 수많은 발명뿐 아니라 부를 축적하는 수단으로 활용하게 도와주었지요. 그뿐만이 아니오. 카네기의 설명에 따르면 어떤 분야, 어떤 목표를 불문하고 그것을 달성하는 데도 도움이 되는 방법이라고 하였지요. 물론 나도 평소 생활과 사업에 적극적으로 받아들여 큰 성과를 올렸소.

이것은 '부(富) 획득의 6단계'쯤으로 불릴 수 있는데, 조금 쉽게 얘기하면 부에 대한 소망을 실제 금전으로 바꾸려면 다음 6단계를 실행해야 한다는 것이지요.

첫째, 소망을 확실하게 할 것. 예컨대 달성하려는 것이 돈일 때 단순히 '돈이 많이 필요하다'는 정도의 희망 사항으로는 전혀 무의미하고 '나는 100억 원이 필요하다'와 같이 액수를 분명히 정해야 한다.

둘째, 대가 지불을 분명히 할 것. 달성하고 싶은 어떤 것을 얻기 위해서는 그 대신 '무엇을 내놓겠는지' 결정하라는 말인데 이는 대가가 지불되지 않는 한 얻을 것도 존재하지 않는다는 의미이다.

셋째, 최종 시한을 정할 것. 이는 자기가 원하는 것을 얻으려면 '언젠가는 하겠다' 등 막연한 것이 아니라 구체적으로 '언제까지 하겠다'는 최종 기간을 결정해야 한다는 것이다.

넷째, 상세하고 구체적인 계획을 세울 것. 소망을 실현하고 싶은데 아직 준비하지 못했다 해도 방황하지 말고 즉시 행동으로 옮겨야 한다.

다섯째, 종이에 상세하게 기록할 것. 지금까지 말한 내용, 즉 달성하려는 구체적 소망, 그것을 위한 대가 지불, 최종 시한 그리고 상세한 계획이라는 네 가지를 반드시 자필로 기록해야 한다.

여섯째, 하루에 두 번 큰 소리로 낭독할 것. 자기가 기록한 선언서를 기상 직후와 취침 직전에 될수록 큰 소리로 낭독하며, 이로써 이미 그 소망을 실현한 것으로 생각하고 스스로 자신에게 믿도록 하는 것이 중요하다.

이해하겠소? 어떤 성취를 원한다면 이 6단계 실행은 절대로 필요하지요. 이때는 습관화하는 것이 중요한데 이를 위해서는 위에서 제시한 과정을 단계에 따라 하나하나 밟아야 하오. 특히 순서를 따르는 것이 중요하다고 할 수 있지요.

[Kim] 선생님의 설명을 듣고 보니 큰 부자가 되는 것이 대단히 어려운 일은 아닌 것 같습니다. 사실 그 6단계를 실행하는 데는 육체적 고통이 따르는 것도 아니고 엄청난 희생을 요구하는 것도 아닌데요. 그렇지만 그것이 어떤 성취를 위해

꼭 필요한 과정이라고 해도 실제로 이를 꾸준히 지키는 사람은 많지 않을 것 같습니다.

Hill 사실이오. 돈을 손에 쥐기 전에 '실제로 돈이 생겼다고 생각하라'고 하면 거의 모든 사람이 불가능한 일이라고 믿지 않을 것이오. 그것이 세상 사람들이 모두 부자가 안 되는 이유와 같은 것이라오. 말하자면 부자가 되는 것과 부자가 되는 행동을 하는 것은 다른 문제라는 것이지요.

앞에서 얘기한 6단계를 찬찬히 보면 상식 밖의 어리석은 짓을 하라는 것도 아니고, 또 그것을 실행하기 위해 고도의 교육이 필요한 것도 아니오. 다만 꾸준히 지속해 습관으로 만들어야 하는데 그것이 어려운 일이지요.

나 역시 공부하고, 인터뷰하고, 법칙을 하나하나 정리하면서 그의 원리를 좀 더 정교하게 확립하고 실천해 나갔다오. 그렇게 터득한 원리에 따라 학교를 운영하거나 컨설턴트로 일하면서 나 또한 큰 성취를 이루어 이윽고 사람들에게서 대부호라는 말을 듣기에 이르렀지요.

나는 거기에 멈추지 않고 원리를 공부하고 터득함으로써 직접 체화한 원리, 즉 성공 노하우를 내 생애를 거의 다 바쳐 수많은 사람에게 실증했을 뿐 아니라 프로그램과 책으로 기록해서 남겼던 것이지요.

6단계를 실행할 때 힌트를 하나 드린다면 그것은 '상상력'의 중요성을 알아야 한다는 것이오. 돈을 손에 넣으려는 기회, 거부가 되고 행운을 획득하는 길은 결코 막혀 있지 않다는 믿음, 즉 상상력 말이오. 그래서 책에서는 이 부분을 더욱 비중 있게 다루었소.

예컨대 이제까지 거대한 부를 쌓아온 사람들을 잘 살펴보면 우선 많은 꿈을 마음속에 그려 넣음으로써 그 실현을 바라고, 소망을 불태우면서 부를 얻기 위한 계획을 짜고 실천에 옮겼다는 사실을 알아야 하오.

따라서 나의 책을 읽은 사람들이 큰 부자가 되려 한다면 우선 상상 속에서 부에 대한 소망을 명확하게 그려야 한다는 것을 제안하오. 그리고 실제로 그것을 획득할 수 있다는 신념에 불타오르는 것이 아니면 쉽사리 대부호가 될 수 없다는 사실을 명심하지 않으면 안 되오.

정말로 사람의 소망이 뼈에 사무치도록 강하다면 강한 신념을 지니는 것은 어려운 일이 아니지요. 말하자면 돈이 필요할 때 어떻게든 그것을 손에 넣겠다고 결심한다면 실제로 돈을 획득한 기분이 들게 된다오. 이는 인간의 마음에 작용하는 원리와 원칙을 이해하지 않으면 결코 느낄 수 없어요. 그래서 카네기는 성공의 '철학'이라고 했지요.

그런 큰 뜻이 있어서 그랬는지 카네기는 이런 비결을 고등학교는 물론 대학에서도 가르칠 필요가 있다고 말하곤 했소. 그렇게 하면 교육기관을 절반 이하로 줄일 수도 있고 교육제도에 큰 개혁을 불러일으킬 수도 있다고 믿었다오.

어쨌든 카네기 희망대로 《성공의 법칙》에서 서술한 성공의 비결은 무수한 사람에게 이용되었소. 그 결과 셀 수 없이 많은 돈을 벌어 거부가 된 사람도 있고 가정의 평안을 얻어 행복을 찾은 사람도 있다오. 또한 이 비결을 효과적으로 활용하여 동료와 비교할 때 수입이 수십 배 늘어난 사람도 많지요.

책을 자세히 읽으면서 아이디어를 얻어 자기가 이용할 수 있는 것 혹은 챙겨서 활용해야 할 것 등을 잘 적용하라고 부탁하고 싶소. 사실 책을 여러 번 읽다 보면 그 습득법이나 용법에 따라서는 내가 말하는 비결 이상을 스스로 발견할 수 있을 것이오. 그리고 그것을 과감히 자신에게 적용해 나가다 보면 원하는 것이 무엇이든 큰 성취의 기쁨을 느낄 수 있다는 것을 분명히 약속할 수 있소.

일주일 안에 100만 달러를 만들다

이론은 멋지지만 실행에 옮기기 전까지는 쓸모없는 것이다.

― 제임스 페니(James C. Penney, JC페니 백화점 창립자)

흔히 말하는 '뜻이 있는 곳에 길이 있다'는 속담과 일치하는 이야기를 하나 소개하겠다.

프랑크 갠솔러스 박사는 대학 시절, 교육제도에 문제점이 많다는 것을 느끼곤 했다. 그래서 만약 자신이 대학총장이 되면 반드시 이 문제점을 개선하겠다고 생각했다. 그는 목사가 된 다음에도 교육제도 개혁을 계속 생각했다. 그러다가 어느 순간 그는 낡은 교육 방법에 이끌리지 않고 뜻대로 교육할 수 있는 새로운 대학을 설립하기로 결심했다.

하지만 새로운 대학을 건립하는 데는 100만 달러라는 거금이 필요한데 그런 큰돈을 어디서 어떻게 구해야 하는지를 몰랐다. 그러나 큰 뜻에 불타는 이 젊은 목사는 지금을 만드는 일로 자나 깨나 고민하다가 그만 그 고민에 집착하게 되었다.

　목사이면서 철학자였던 갠솔러스는 성공을 이루려면 먼저 자기 목표를 명확하게 해야 한다는 것을 깨달았다. 그는 설교하면서 명확한 목표에 불타오르는 소망이 밑받침이 되어야 의욕과 상상력이 용솟음친다는 사실을 잘 인식했기 때문이다. 그래서 그는 왜 새로운 대학이 필요한지 다시 정립하고, 그 필요성과 목표를 명확하게 했다.

　그러나 문제는 어디서, 어떻게 100만 달러를 만들면 되는지 아이디어가 전혀 떠오르지 않았다는 것이다. 이 부분에서 그가 일반적인 상식에 따랐다면, 누구나 그렇겠지만 아마도 다음과 같은 핑계를 대며 포기하고 말았을 것이다.

　"내 생각은 아주 훌륭하다. 그러나 그에 필요한 100만 달러를 만들지 못하는 이상 나로서는 할 수 없지 않은가."

　그러나 갠솔러스 목사는 결코 포기하지 않았다. 여기서 그에게 당시의 얘기를 직접 들어보자.

　"어느 토요일 오후 나는 방에 앉아서 100만 달러를 만들려면 어떻게 하면 될지 깊은 생각에 잠겨 있었지요. 벌써 2년 이상이나 이 문제를 생각해 왔지만 생각하는 것 외에 내가 할 수 있는 일은 하나도 없었어요. 그런데 갑자기 어딘가에 충격을 받은 듯이 나는 일주일 안에 그 100만 달러를 만들겠다고 결심했습니다."

그는 황당하게도 어디서 어떻게 그 돈을 마련할지에 대해서는 염려하지 않기로 했다. 가장 중요한 것은 결정한 기간 안에 반드시 그 돈을 만들어야 한다는 결심이었다. 이 단호한 결심을 한 순간 지금까지는 경험한 적이 없는 어떤 확신이 솟아오름을 느꼈다. 그리고 마음속에서 누군가가 이렇게 말하는 듯했다.

"어째서 오랫동안 이런 결단을 하지 못했는가? 네가 필요한 돈은 벌써 오래전부터 너를 기다렸는데."

그로부터 일은 일사천리로 진전되어 나갔다. 그는 신문사에 전화를 걸어 내일 아침 설교를 하고 싶다고 신청했는데, 설교 주제는 '만일 지금 나에게 100만 달러가 있다면 무엇을 할 것인가?'라고 알려주었다. 그리고 즉시 설교를 준비했다. 사실 이것은 지난 2년이나 계속 생각해왔으므로 그다지 어려운 일도 아니었다.

그는 설교를 위한 모든 준비를 끝내고 일찍 잠자리에 들었다. 그러면서 이미 100만 달러가 손에 들어온 듯한 생각으로 자신감에 가득 차 잠들었다. 이튿날 아침 일찍 잠에서 깬 그는 원고를 다시 읽으면서 무릎을 꿇고 간절히 기도했다.

"오늘 내가 하는 설교가 사람들 마음을 움직이게 하여 부디 100만 달러가 모이게 해주십시오."

그는 기도하면서 또다시 돈이 만들어질 것 같은 확신이 들었다. 그리고 그 흥분을 간직한 채 설교 장소로 향했다. 그런데 문제가 생겼다. 설교를 시작하기 직전에 원고를 두고 온 사실을 알았던 것이다. 그렇지만 그는 잠재의식 속에 하고 싶은 말을 모두 담아두었으므로 별 어려움 없이 설교를 시작했고 또 매끄럽게 진행했다.

그는 온 정성을 다해 그리고 진지하게 자기가 설계한 이상을 설파했다. 만일, 지금 당장 손에 100만 달러가 주어진다면 도대체 어떤 일을 하려고 하는지 상세하게 그리고 절실하게 설명했다. 즉, 젊은 사람들이 좀 더 실용적인 능력을 익히고, 풍부하고 따뜻한 마음을 기를 수 있는 새로운 대학에 대한 이야기를 했다.

그가 설교를 끝내고 설교단에서 내려오려고 할 때였다. 뒤에서 세 번째 줄에 앉아 있던 한 신사가 천천히 일어서더니 앞으로 걸어 나왔다. 그리고 설교단에 올라오더니 양팔을 벌리고 이렇게 말했다.

"목사님, 당신의 설교에 감격했습니다. 저는 목사님이 만일 100만 달러가 있다면 지금 하신 말씀을 반드시 실행할 거라고 믿습니다. 내일 제 사무실로 오시면 그 100만 달러를 드리겠습니다. 꼭 그 일에 써주십시오. 나는 필립 아머라고 합니다."

다음 날 아침 갠솔러스는 필립 아머의 사무실을 방문해서 약속한 100만 달러를 기부받았다. 이렇게 해서 유명한 일리노이 공과대학의 전신인 아머 실업대학이 설립되었다.

그렇다! 이 100만 달러는 하나의 작은 아이디어에서 창조되었다. 그리고 그 아이디어에는 갠솔러스가 2년에 걸쳐 마음속에 품고 간직해 온 소망이 견고하게 포장되어 있었다.

이 이야기에서 한 가지 주목할 것이 있다. 그가 돈을 손에 넣으려고 결심하고, 무엇을 할지 생각한 다음 그 생각을 실행에 옮기고부터 불과 36시간 안에 100만 달러나 되는 막대한 돈이 현실이 되어 손에 들어왔다는 사실이다.

젊은 갠솔러스가 가지고 있던 '100만 달러가 있다면'이라는 소망은 이 세상에서 흔히 볼 수 없는 희귀하거나 새로운 것이 결코 아니었다. 갠솔러스 외에도 같은 생각을 하는 사람은 얼마든지 있었을 것이다.

그러나 그 기념할 만한 토요일, 갠솔러스는 지금까지의 모호한 생각을 뒤집어 '일주일 이내에 100만 달러를 손에 넣겠다'고 결심한 것이다. 그것이다. 그 결단력에는 보통 사람으로는 하지 못하는 무엇인가 독특한 것이 있었다.

그가 100만 달러를 손에 넣었을 때의 그 법칙은 지금도 적용할 수 있다. 물론, 당신도 이 법칙을 적절하게 사용할 수 있다. 이 불변의 법칙은 그 젊은 목사가 활용하여 성공한 것과 마찬가지로 오늘날 어느 분야에서도 사용할 수 있는 것이다.

《The Law of Success》

나폴레온 힐과의 대화(5)

첫 번째 인터뷰의 추억

물질적 성취도 결국 자신의 상상 속에서 구상한 체계적인 계획에서 비롯할 것이다. 그러므로 상상이 현실이 되기 위해서는 우선 생각이 있어야 하고, 그 생각을 조직하여 아이디어와 계획으로 바꾸어야 하며, 마지막으로 이러한 계획을 실현해야 한다. 이 단계에서 알 수 있듯이 어떤 성취도 결국 상상력에서 시작된다고 말할 수 있다. — 상상력

Kim 앞에서 카네기와 만난 이후 그가 조사 대상자를 500여 명 소개했다고 했는데 그들은 어떤 사람들이었습니까? 대단한 사람들이었을 테고 그들과 인터뷰하기가 만만한 일은 아니었을 텐데 실제는 어땠나요? 또 그 많은 사람 중 가장 큰 도움을 준 사람은 누구였습니까?

Hill 맞아요. 카네기가 소개한 사람들은 당대에 가장

성공한 이들이었소. 물론 그때는 아직 성공자 반열에 이르지 못한 사람들도 있었지만 얼마 후 그들도 역시 모두 성공자 내지는 지도자 위치에 올랐지요.

생각나는 대로 몇 사람만 소개하면 자동차 왕 헨리 포드 (Henry Ford), 발명왕 토머스 에디슨, 설명이 필요 없는 세계 최고 갑부 중 한 사람인 존 록펠러(John D. Rockefeller), 카네기의 동업자 에드윈 번즈(Edwin C. Barnes), 베들레헴 철강회사 사장 찰스 슈왑(Charles M. Schwab), 파이어스톤 타이어의 하비 파이어스톤(Harvey S. Firestone), 라이트형제(Wright Brothers) 등 이름만 들어도 대단한 분들이었지요.

그 외에 시카고백화점의 마셜 필드(Marshall Field) 회장, 러푸스 아이어 장군(General Rufus A. Ayers), 엘버트 게리 판사(Judge Elbert H. Gary), 엘머 게이츠 박사(Dr. Elmer Gates), 알렉산더 그레이엄 벨 박사(Dr. Alexander Graham Bell), 엘버트 허버드(Elbert Hubbard) 등이 있소. 그리고 뭐니 뭐니 해도 내 '인생의 기둥' 이라고 할 카네기를 빼놓을 수 없겠지요.

나는 카네기에게서 500여 명을 소개받았는데 나중에 보니 그들을 거의 만났더군요. 물론 그 많은 사람의 철학을 바탕으로 책을 썼지만 그중에서도 가장 막대한 영향을 준 사람은 역시 카네기와 헨리 포드를 들 수 있지요.

카네기는《성공의 법칙》의 기반이 되는 원리(原理)를 연구하는 계기와 골격을 제공해 주었고 헨리 포드는 책의 모든 요소가 완벽해지도록 도와주었다오. 그리고 그들과 인터뷰하는 과정 자체도 흥미진진했고 재미도 있었는데 그중 헨리 포드와 만남을 얘기해 볼까 합니다.

그를 인터뷰하기 위해 디트로이트를 방문했지요. 큰 기대를 가지고 헨리 포드를 만나러 시골의 공장을 방문하기 전에 카네기가 이렇게 얘기했다오.

"힐군! 내가 자네에게 성공자를 500여 명 소개하겠다고 했지. 그 한 사람 한 사람과 이제부터 장기간에 걸쳐 접촉하고 그들의 행동, 판단, 결단 등 성공요소를 자네 눈으로 직접 확인하기 바라네. 물론 그들도 협력하기로 되어 있다네. 난다 긴다 하는 성공자 500명의 협력을 얻으면 반드시 성공의 공통점이 발견될 걸세. 그것을 잘 파악해서 정리해 보게."

"잘 알았습니다. 그분들을 일일이 만나 얘기를 듣고 기록하는 작업은 말씀하신 성공의 법칙, 성공의 철학을 집대성하려면 꼭 필요한 과정이라고 저도 생각합니다. 선생님 말씀대로 반드시 그렇게 하겠습니다."

"고맙네. 그러면 우선 첫 번째 인물을 소개하지. 디트로이트에 가서 포드라는 사나이를 만나보게."

"포, 포드라고 하셨습니까? 포드가 누굽니까? 처음 들어보는데 그 같은 성공자도 있었나요?"

"자네 아직 포드를 모르나? 포드자동차의 헨리 포드 말일세. 힐군! 나는 이 나이가 되기까지 많은 성공자를 보아왔다네. 그런 관점에서 내가 분명히 말하는데 헨리 포드가 지금은 대단한 지위에 있지 않지만 언젠가 그는 자동차산업에서 톱이 될 사나이라네!"

나는 속으로 '그런 이유였구나! 이분은 사람을 보는 눈과 인재를 아끼는 데는 특별한 능력이 있구나!' 하면서 카네기의 안목에 크게 감탄했다오.

"그처럼 선생님이 기대하는 사나이라면 저도 기대가 큽니다. 일하는 보람도 클 것 같습니다."

"그래! 그렇게 생각한다니 무척 고맙군. 자네의 그런 긍정적인 자세가 참으로 마음에 드네. 좋은 결과를 기대하겠네! 잘해주게. 많은 도움이 될 거야."

Kim　우리는 흔히 뛰어난 성공을 이룬 사람을 보면, 그 성공이 마치 한 개인의 작품인 것처럼 평가할 때가 있습니다. 물론 수많은 성공자가 있고, 그들 나름대로 방법은 있겠지만 그것을 일반화할 수는 없는 것 아니겠습니까? 그런데 두 분은 많은 사람을 조사하여 그들이 부자가 된 방법을 찾아 매뉴얼, 즉 '법칙'을 만드는 일을 하려는 것이었군요.

Hill 하하하! 거의 평생 책 작업을 진행한 나나 카네기보다 더 정확하게 정의를 내리는군요. 멋집니다. 성공이 어떤 뜻을 세워 목적을 달성하고 사회적 지위를 얻는 것이라고 정의해 봅시다. 그렇다면 성공이란 정상을 향해 뛰지만 아직 원하는 곳에 이르지 못한 젊은 샐러리맨의 최고 목표이면서 일선 경영자들이 끊임없이 추구하는 욕망일 것이오.

이렇게 자기 나름대로 성공을 성취하는 것은 인간 본연의 갈망이며 최극상의 욕구라고 볼 수 있지요. 또 우리는 바로 이 목적지에 도달하기까지 수없이 많은 시행착오를 거듭하게 되는 것 아니겠소. 그런 과정을 거쳐 목적지에 도달할 텐데 문제는 말이요, 성공에 대한 막연한 기대나 화려한 상상만으로는 결코 그것을 쟁취할 수 없다는 점이오.

물론 성공이 진부한 타성을 과감히 떨쳐버리고 익숙하지

않은 낯선 세계를 향해 도발적이고 적극적인 자세로 도전하는 자의 몫이라는 것은 부연 설명을 할 필요도 없을 것이오. 그리고 이때 어느 정도의 가이드는 충분히 의미 있고 필요한 것이 아니겠소.

부연 설명을 하면 이런 것이오. 전장을 방불케 하는 삶의 현장에서 '성공을 제일 목표'로 매진하는 진취적인 사람들에게 성공을 하나의 실체로 가시화할 수 있는 원칙을 제시한다면 그들 각자는 걸음이 더 가벼울 거라는 점이지요.

결국 성공 기간을 단축하거나 성공이 막연한 것이 아니라 '이 매뉴얼대로 하면 실제 성공에 다가가는 데 큰 도움을 받을 수 있다'고 제시하는 원칙이 있다면 그 자체로도 의미가 큰 일 아니겠소. 사실 우리의 만남 이전에는 정리된 매뉴얼이 없었던 데에 착안한 사람이 바로 카네기였다오.

이상 설명한 내용이 카네기와 내가 하려는 작업이었지요. 구체적인 방법은 크게 성취한 사람들을 만나 인터뷰하고 공통적으로 발견되는 요소를 정리해 프로그램화하는 것이라오. 그 첫 시도가 바로 헨리 포드를 만나는 것이었소.

그래서 모양새 좋게 디트로이트를 방문하기는 했는데 그다음부터가 큰일이었다오. 왜냐하면 포드의 거처를 파악하는 데만 이틀이 걸렸으니 말이오. 간신히 찾아내 인사를 나누기까지가 그렇게 힘들었으니 앞으로의 일이 험난할 것을 알 수 있었고 왜 20년이 걸릴지 어렴풋이 느낌이 왔지요.

"처음 뵙겠습니다. 영광입니다. 카네기 씨 소개로 온 나폴레온 힐이라고 합니다."

"네, 제가 헨리 포드입니다."

당시 포드의 손은 기름투성이였고, 한참 인터뷰했는데 대부분이 '예스' 아니면 '노'뿐이었소. 가령 이런 식이었지요.

"성공자로 불리는 사람들과 교류합니까?"

"아니요."

상투적인 인사치레도 없고 질문에 단답으로 응답하니 인터뷰가 여간 어려운 것이 아니었다오. 상견례부터 그런 식이었으니 이후 대화는 소개할 필요도 없고 그냥 인사를 하고 나올 수밖에 없었다오.

"대단히 실례했습니다."

"대접해 드리지 못해 미안합니다."

포드와 미팅을 마치고 돌아오는 길은 참담했고 이 일에 대해 엄청난 회의가 들더군요. 큰 기대를 걸고 먼 길을 찾아왔는데 '과연 저 포드라는 인물이 장래 자동차산업의 톱이 될 수 있는 것일까? 그럴 리가 없는데…. 혹시 카네기 씨 눈이 잘못된 것은 아닐까?'라는 여러 가지 생각이 교차했다오.

파김치가 되어 집으로 돌아오는 기차 안에서 '역시 이 일은 만만하지 않군! 모두들 말하는 것처럼 내가 부자들 놀음에 한 몫 끼려는 것은 아닐까'라는 좌절도 함께 왔다는 것이 그때 나의 솔직한 심정이었다오.

————————————

새로운 것을 만들어내는 힘, 상상력

중요한 일에 집중할 수 있는 능력이 바로 지능의 가장 결정적 특징이다.
― 로버트 슐러(Robert H. Schuller, 미국 목사·작가)

   상상력은 글자 그대로 새로운 것을 상상(想像)해서 탄생시키는 힘이다. 인간이 지닌 충동과 소망은 이 상상력에 따라 형성되고 체계가 잡혀 행동으로 이어진다. 인간은 자신이 상상하는 것은 무엇이든 만들어낼 수 있다고 알려져 있다.

   인간은 오랜 시간에 걸쳐 이 상상력의 도움을 받아 이제까지 인류가 만들어낸 것 이상의 것을 발견하고 자연의 위대한 힘을 활용해 왔다. 예컨대 하늘을 나는 비행기만 해도 마음대로 날아다니는 새마저 도저히 미치지 못하는 영역에까지 도달했다. 그리고 수백만 킬로미터 앞에 있는 태양에 대해 그 구성 물질을 분석하고 중량까지도 측정할 수 있게 되었다. 상상력이 아니면 있을 수 없는 일이다.

또 인간은 교통기관의 스피드를 높여 시속 몇백 킬로는 보통의 스피드가 되고 있다. 이러한 것이 가능하게 된 밑바탕에는 상상력이 자리 잡고 있다. 앞으로도 마찬가지로 인간이 만들어내는 것의 한계는 상상력을 어디까지 발전시키고 어디까지 실행하느냐에 달려 있다.

이런 많은 성취에도 인간의 상상력 활용 수준은 아주 초보적 단계라고 하지 않을 수 없다. 인간의 상상력은 끝을 알 수 없는 깊이를 지녔기 때문이다. 상상력에는 두 가지 패턴, 즉 두 가지 틀이 있다. 하나는 개량적 상상력이고, 또 하나는 독창적 상상력이다.

첫째, 개량적 상상력은 기존의 낡은 개념, 아이디어, 계획 등을 잘 조합하고 짜 맞춰 종래에는 볼 수 없었던 새로운 것을 창조하는 상상력을 말한다. 지금 우리가 사용하는 것 가운데에는 이와 같은 개념으로 만들어진 것이 참으로 많다.

사실 이것은 전혀 새로운 것을 탄생시키는 것이 아니고 이제까지 자신에게 주어진 체험, 교육, 관찰 등을 기본으로 짜 맞춰 만들어진 것이다. 어쨌든 인간은 이런 개량적 상상력에 따라 문제 해결이 안 될 때는 또 하나의 틀인 독창적 상상력을 활용하게 된다.

둘째, 독창적 상상력은 인간이 지닌 창조적인 노력에 한계가 있을 때 인간의 마음이 '무한한 지성'과 서로 교감함으로써 발휘되는 상상력이다. 그러므로 독창적 상상력은 주로 직감과 영감에 의해 샘솟게 된다. 기본적인 또는 새로운 아이디어는 뇌력, 즉 머리를 써서 생각하는 힘을 통해 인간에게 전달된다.

어떤 사람이 남의 잠재의식과 교신하고 이를 이용할 수 있는 것도 이 독창적 상상력이 작용하기 때문이다. 독창적 상상력은 거의 무의식 중에 자동으로 작용한다. 아울러 이 상상력은 인간의 의식이 맹렬한 스피드로 돌아다닐 때 비로소 작동한다. 예를 들어 인간의 의식이 강렬한 소망이라는 감정에 자극받으면 순식간에 그 기능이 작동한다.

그러므로 독창적 상상력은 쓰면 쓸수록 활동적으로 기능하게 된다. 예컨대 비즈니스나 금융계의 대가, 음악·미술 등 예술계의 거장, 시인·작가 등 창작 분야에서 일류로 평가받는 사람들은 모두 이 독창적 상상력을 개발했기에 남보다 뛰어나게 큰일을 이룬 것이다.

인간의 근육과 기관이 쓰면 쓸수록 또는 활동량을 늘리면 늘릴수록 발달하는 것과 마찬가지로 개량적 상상력도, 독창적 상상력도 마음껏 사용함으로써 그 기능은 예민해지고 더욱 빛나게 된다.

한편으로는 큰 성취의 바탕에 소망이 있다고 강조했다. 물론 소망은 독립적으로 떼놓고 보면 인간의 충동적 사고에 지나지 않을지도 모른다. 그것은 구름이나 안개처럼 잡을 수 없기 때문이다. 따라서 소망은 구체적 형태로 표출되지 않는 한 추상적이고 가치가 없는 것이다.

중요한 것은 소망을 현실의 부(富)로 전환할 때는 개량적 상상력이 아주 능률적으로 작용한다는 점이다. 물론 이때는 독창적 상상력 역시 필요한 경우가 많다. 결국 소망을 현실화하려면 상상력의 도움을 받아야 한다는 점은 의심할 여지가 없다.

《Think & Grow Rich》

나폴레온 힐과의 대화(6)

성공자의 기준은 무엇

열정이란 어떤 일을 하고 싶게 만드는 마음가짐을 말한다. 하지만 열정은 단지 그것만은 아니다. 열정은 전염된다. 열정을 가진 사람과 만나는 모든 사람은 그 열정에 영향을 받을 것이다. 사람과 열정의 관계는 증기기관차와 증기의 관계와 비슷하다. 열정은 행동을 일으키는 원동력이다. 추종자들의 마음속에 열정을 일으키는 지도자야말로 가장 훌륭한 지도자이다. — **열정**

[**Kim**] 첫 인터뷰는 말만 들어도 난감함이 느껴지네요. 처음부터 큰 낭패를 겪었으니 앞으로 500명을 만나야 하는데 걱정이 이만저만 아니었겠습니다. 더구나 그냥 만나 차 한잔 하는 것도 아니고 그들을 인터뷰한 후 공통점을 추리고 패턴을 분석하는 지난한 작업이지 않습니까? 거기에다 무보수로 그 작업을 해야 하니 그 어려움은 미루어 짐작이 됩니다.

Hill 그렇다오. 사실 첫 번째 미팅에서 큰 낭패를 본 것이 유쾌하지는 않았지요. 이런 내 마음을 아는 듯이 카네기가 "어떤가? 포드군과는 그다지 취재를 잘한 것 같지 않군? 진짜 그런가?" 하고 묻길래 나는 별 망설임 없이 즉각적으로 대답했지요. 약간 원망도 섞인 반응이라고나 할까요.

"카네기 선생님, 확실하게 말씀해 주세요. 제가 보기에는 포드라는 인물은 아무래도 자동차산업을 지배할 사나이로는 보이지 않았습니다. 말도 잘하지 않고 내 인터뷰에도 제대로 대답하지 않았어요. 그리고 그에게서 성공자라는 이미지를 전혀 발견할 수 없었습니다!"

나로서는 인터뷰에 대한 실망이 워낙 컸기에 그렇게 심하게 얘기했지만 사실 카네기가 준 명단에서 첫 번째 인물이 헨리 포드였으니 그를 인터뷰하러 갈 때는 기대도 컸던 것이 사실이었소. 그를 추천하면서 카네기는 이렇게 얘기했다오.

"자네는 디트로이트로 가서 헨리 포드를 만나 그의 이야기를 듣게. 앞으로는 자동차산업이 철강 다음으로 큰 산업 분야가 될 거야. 그는 향후 자동차산업을 지배할 사람이야."

이때까지도 사실 나는 헨리 포드가 누구인지 전혀 알지 못했다오. 그런데 카네기는 미래를 보는 눈을 가지고 있었던 거지요. 포드가 아직 무명이었는데도 카네기는 그가 앞으로 자동차업계를 이끌어갈 중요한 인물이라는 것을 알았지요.

어쨌든 첫 인터뷰이니 큰 기대감을 가지고 디트로이트로 헨리 포드를 만나러 갔지요. 그런데 그가 사는 곳을 찾는 데만 꼬박 이틀이나 걸렸고 겨우 찾아낸 곳이 시골 변두리의 조그만 공장이었소. 포드는 한참 기다려서야 나타났는데, 그때 마침 자동차 성능 실험을 하던 터라 기름투성이인 작업복 차림에 구겨진 모자를 쓰고 등장했던 것이었소.

인터뷰를 진행하면서 나는 다시 실망할 수밖에 없었다오. 겨우 30분 동안 진행된 인터뷰에서 포드라는 사람은 단지 '예스 아니면 노' 두 마디만 할 뿐이었소. 기본적으로 말이 없었지만 더 힘든 것은 질문에 답만 할 뿐 다른 이야기는 전혀 하지 않았다는 점이지요. 인터뷰를 마친 뒤 크게 실망하면서 돌아왔으니 카네기에게 좋은 말을 할 수 없었지요.

"하하하…. 힐군! 실망이 큰 모양이군. 그가 그다지 말을 많이 하는 사나이가 아닌 것은 맞지. 그러나 성공 여부는 그런 일로 판단할 수는 없다네. 포드의 선견지명과 강인한 의지 그리고 실행력에는 분명히 남다른 데가 있고 또 그가 하려는 것은 자동차의 대량 생산이야. 자네가 인식할지는 모르지만 지금부터는 자동차가 철강 다음의 큰 산업이 될 걸세. 자동차가 싸게 대량으로 만들어지면 대성공은 뻔한 것 아닌가! 그는 반드시 성공한다고 내가 보증하지!"

그 말을 듣고 나는 경솔함을 자책할 수밖에 없었다오. '그… 그렇구나. 이분에게는 남에게는 보이지 않는 성공자의 기준이 뚜렷하게 보이는구나!' 말하자면 '될성부른 나무는 떡잎부터 알아본다'는 말처럼 카네기 같은 대성공자는 앞으로 성공할 사람을 알아보는 데도 남다른 점이 있었던 거지요.

그때 나는 거부가 되려면 열심히 노력하는 것 이상의 무엇이 필요하다는 것을 절실히 느꼈지요. 그러면서 그의 선견지명에 동의할 수밖에 없었고. 나는 그 순간에 앞으로 내가 해야 할 일이 어렴풋이 손에 잡히는 것 같았소.

Kim 선생님에게는 참 복잡하지만 의미 있는 경험이었네요. 그러면 헨리 포드가 두각을 나타낸 때는 언제였나요. 그리고 말씀을 듣다보니 궁금한 것이 더 많아졌습니다. 예컨대 카네기가 제안한 프로그램을 완성하는 데 오랜 세월이 걸린다는 것에 특별히 반박할 명분은 없어 보이는데요. 선생님은 그 부분에 대한 의문이 풀렸나요?

Hill　좋은 질문이군요. 사실 나 역시 포드 사례에서 많이 배웠다오. '관점을 바꾸어야 성공의 길이 보인다'는 말처럼 성공자들은 일반인들과 다른 관점으로 사물을 본다는 것을 배웠다오. 그때 내 불만에 카네기는 이렇게 얘기했지요.

"꼭 명심하게! 말을 잘한다고 성공하는 것은 아니야. 다만 내가 그를 추천한 것은 그가 하려는 일이 방향에 맞고 사업가로서 자질(선견지명과 결단력과 실행력)을 갖췄으니 성공한다는 의미이지. 인터뷰하면서 이런 부분을 잘 잡아내기 바라네."

그의 예측을 증명이나 하듯이 몇 년 후 헨리 포드는 자기가 만든 T형 자동차로 대성공을 거두고 미국의 방방곡곡과 세계 곳곳을 누비게 되었지요. 말하자면 포드는 백지에서 출발해 자동차 왕국을 건설한 것이었소. 이런 시대적 변화를 예측하는 능력이 있었기에 카네기 역시 대성공을 거둔 것 아니겠소. 역시 포드와 카네기는 성공의 표상이지요.

어쨌든 당시 카네기 얘기를 듣고 왜 헨리 포드여야 하는지 궁금증은 풀렸소. 그런데 아까 던진 두 번째 질문도 의미가 무척 크군요. 그것은 사실 나도 미심쩍었던 부분이어서 카네기에게 단도직입으로 물었다오.

"선생님! 잘 알겠습니다. 포드 씨에 대한 의문은 풀렸습니다! 그러나 저에게는 이 일을 맡았을 때부터 두 가지 의문이 있었습니다. 성공자 500명을 인터뷰해서 성공법칙을 체계화하는 의미는 충분히 알겠는데 이 작업에 왜 20년이나 걸립니까? 제가 보기에 이 일은 2~3년이면 충분히 정리될 것 같은데요. 그리고 또 하나는 어째서 보수가 없습니까?"

"좋은 질문이군. 20년이라는 기간에는 중요한 이유가 있지. 내가 자네에게 소개하는 인물은 대부분 사실 아직 성공하지 못한 이름 없는 이들이지. 그렇지만 내가 기대하는 그들은 20년 안에 반드시 크게 성공할 거야. 그러니까 자네가 20년간 그들이 어떻게 해서 성공하고 실패하는지 증인으로서 봐달라는 것이야. 이해하겠나?"

나는 카네기의 설명에 반박할 근거를 찾을 수 없었소. '아! 그래서 20년이나 걸린다는 말이구나'라고 그 부분은 받아들이기로 했다오. 그렇지만 의문점은 그것만이 아니었지요.

"지금 얘기해 주신 것으로 왜 20년이 되어야 하는지는 이해했습니다. 그 말대로 하면 소개해 주신 분들이 20년 안에 큰 부자가 될 수 있겠지요. 하지만 왜 저는 그 부자들을 보수 한 푼 없이 20년이나 쫓아다녀야 합니까? 저는 사실 변호사가 되겠다는 꿈이 있습니다. 이제부터 그 꿈을 향해 달려 성공을 쟁취하고 싶습니다. 그 같은 중요한 인생을 남의 성공을 위해 뛰어다니는 것인데 혹시 제가 이용만 당하는 것은 아닌지요?"

"그렇게 생각할 수 있지. 이해하네. 그런데 힐군! 이 일로 제일 성공할 사람이 누구라고 생각하나? 이 프로그램으로 가장 크게 성공할 사람은 바로 자네야. 이제까지 나는 자네에게 성공철학을 얘기했고, 게다가 500여 명이나 되는 실제로 성공하고 있는 사람들을 만나 그들의 행동을 상세하게 관찰할 기회를 주지 않았나? 그런 것을 배운 자네가 큰 성공을 거두지 못할 이유가 없지 않은가? 그런데 월급을 받고 이 일을 한다면 그 철학을 제대로 소화해서 자네가 큰 부자가 될 수 있다고 생각하나?"

카네기 말을 듣다보니 이해가 안 되는 것도 아니더군요. 잠깐 흔들리기도 했지만 그 말을 이해하고 또 어쨌든 약속했으니 계속 일하기로 했소. 그렇게 마음을 굳히니 한편으로는 '맞아! 참다운 성공을 거두려는 사람은 눈앞의 이익에 연연해서는 안 돼. 그가 내게 이 일을 맡긴 것이야말로 막대한 재산을 나에게 준 거나 같은 것이야'라고 스스로 위안하고 다시 도전할 힘을 얻게 되었지요.

무보수라는 큰 모험이 필요한 일이었지만 그것에서 주어지는 대가는 훨씬 클 것으로 이해했어요. 무(無)에서 막대한 재산을 만들어낼 수 있는 '성공의 황금률'이었던 거지요. 말하자면 눈앞의 작은 돈이 아니라 갑부로 등극할 수 있는 대형 프로젝트라는 생각이 들었고, 그렇게 정리된 원리는 돈만이 아니라 어떤 것이든 성취가 필요한 모든 일에 적용할 수 있는 법칙이라는 믿음이 생겼지요.

Golden Tip 6 ────────────────────────

난공불락의 기록, '4분의 벽' 허물기

훌륭한 코치는 선수들에게 그들이 현재 누구인가가 아니라
장차 어떤 사람이 될 수 있는가를 알게 해준다.
— 아라 파스기안(Ara Parseghian, 미국 미식축구 선수·코치)

육상계의 오랜 숙원은 1마일(1.6킬로미터)을 4분에 달리는 것이었다. 너무나 오랫동안 '4분의 벽'에 가로막혀 있었으므로 사람들은 도저히 깰 수 없는 기록으로 여겼다. 어떤 전문가는 '인간이 1마일을 4분에 뛴다면 심장이 터져 버릴 것이기 때문에 이룰 수 없는 기록이다'라고 할 정도로 난공불락의 기록이었다.

그런데 결코 깨지지 않을 것 같았던 그 기록은 1954년 5월 6일 로저 버니스터에 의해 무너졌다. 그가 1마일을 4분 안에 뛴 것이다. 그는 기록의 벽을 넘어 자기 꿈을 달성하기 위해 정신과 근육 양면을 트레이닝했는데 예전과는 다른 아주 의미심장한 방법을 도입했다.

예컨대 그는 당시 몇 달 동안 '기록을 달성할 수 있다'는 신념을 잠

88

재의식 속에 입력하면서 컨디션을 조절했다.

일반적으로 4분이라는 기록은 하나의 벽이라고 생각했지만 버니스터는 그것이 '입구'라는 생각을 스스로에게 입력했다. 말하자면 한번 지나가고 나면 다른 장·단거리 신기록에도 통할 수 있는 길이 얼마든지 열릴 거라는 생각으로 자기를 최면한 것이다. 그가 생각한 대로 이루어진 것은 말할 나위도 없다.

버니스터가 처음으로 1마일 4분의 벽을 깨는 길을 열어놓자 이듬해에는 6명이, 그다음 해에는 46명이 4분의 벽을 깼으며 1958년 8월 6일 아이슬란드의 더블린에서 있었던 경기에서는 동시에 5명이 1마일 4분의 기록을 깼다. 4분의 벽은 도저히 도달할 수 없는 기록이 아니라는 것이 증명되는 순간, 그것은 누구나 깰 수 있는 벽이 되었다.

버니스터에게 훈련을 독려한 사람은 일리노이 대학 체력적성 연구소장 토머스 커크 큐턴 박사였다. 큐턴은 신체의 에너지에 대해 이전과는 다른 완전히 새로운 생각을 했다. 그의 트레이닝은 다음 두 가지 기본 원리를 바탕으로 했다.

첫째, 전력을 다해, 즉 전신적으로 단련한다.

둘째, 인간이 버틸 수 있는 내구력의 한계까지 단련하고 연습할 때마다 그 한계를 넓혀간다.

이런 두 가지 원리에 더해 큐턴은 다음과 같이 가르쳤다.

"기록을 깨는 기술은 자기가 몸에 익힌 이상의 것을 자신에게서 이끌어내는 능력이다. 견뎌내자, 견뎌내자 하고 자신에게 고통을 주며 한 차례 연습하고 나면 바로 쉰다. 체력은 단련하면 할수록 발달한다."

그런 이유로 큐턴은 '지나친 연습'이라든가 혹은 '연습에 따른 과로'라는 것도 '엉터리'라고 말했다. 휴식도 연습이며 운동과 같이 중요하다는 것이다. 신체는 연습으로 소모되어 버린 것을 전보다 양을 늘려 회복시킬 필요가 있으며 그 결과 인내력이나 정력 에너지가 증강된다는 것이다. 육체나 정신도 휴식하고 숨을 돌리는 동안 다시 충전되는데, 이와 같이 하지 않으면 심한 타격을 받게 된다고 강조했다.

특히 큐턴은 이런 방법이 운동선수에게 적용되지만 운동선수가 아닌 일반인에게도 적용될 수 있다고 강조했다. 말하자면 이렇게 하면 육상선수는 더 빨리 달릴 수 있게 되고, 육상선수가 아닌 사람도 더 오래 살 수 있다는 것이다.

큐턴은 버니스터와 알게 되면서 버니스터의 신체가 부분적으로 훌륭하게 발달했다는 사실을 알아냈다. 예컨대, 그의 심장은 신체 크기에 비해 보통 사람의 심장보다 25%가 더 컸다. 반면에 그에게는 보통 사람보다 덜 발달한 부분도 있었으므로 큐턴은 버니스터에게 신체의 전체적 발달에 힘쓰라고 충고했다. 그러면서 등산으로 정신을 단련하는 방법을 가르쳐주었는데, 그런 훈련에 따라 버니스터는 등산하면서 어려움을 극복하는 것을 배우게 된다.

마찬가지로 기록을 향상하기 위해 중요한 훈련 방법을 가르쳤는데 그것은 큰 목표를 작은 목표로 나누는 것이었다. 버니스터의 말에 따르면, 1마일을 달리지만 처음부터 4분의 1마일만 달린다는 마음으로 달리면 더 빨리 달릴 수 있다는 것이다.

그렇게 1마일을 4분의 1씩 나누어 각각 떼어놓고 생각하는 훈련을 했다. 우선 4분의 1마일을 전력 질주하고 이어서 트랙을 천천히 달리는 듯한 스피드로 일주하여 숨을 돌린다. 그리고 다시 4분의 1마일을 전력을 다해 대시하는 것이다.

구체적으로 그는 4분의 1마일을 언제나 58초 이하에 달리는 것을 목표로 했으므로 1마일은 58초의 4배인 232초, 즉 3분 52초로 달린 셈이 된다. 그에게 이것은 최대한의 속도였다. 그는 언제나 한껏 달리고는 스피드를 떨어뜨려 숨을 돌렸다. 그 결과 달릴 때마다 최대한의 속도가 조금씩 떨어져 나갔다. 그리고 본레이스에서 달렸을 때는 3분 59초 6으로 약간 오버했지만 어쨌든 4분의 벽은 깬 것이다.

《Positive Mental Attitude》

나폴레온 힐과의 대화(7)

명확한
목표설정

자제력은 열정을 건설적인 목적으로 사용할 수 있게 해주는 요소이다. 열정
이 행동에 이르게 하는 매우 중요한 원천이라고 한다면 자제력은 이 행동이
그릇된 방향이 아닌 올바른 방향으로 향하도록 균형을 맞추어 주는 평형 바
퀴와 같다. 예컨대 '균형감각'을 유지한다는 것은 열정과 자제력이 평형상태
에 머물러 있는 것이다.   – 자제력

[Kim] 잠깐 쉬어간다는 의미로 화제를 바꿔 책 내용을
이야기해 보겠습니다.《성공의 법칙》을 읽다보면 무척 강조
하는 것 중 하나가 '목표'에 관한 것입니다. 특히 '명확(明確)'
을 붙여 '명확한 목표설정'을 강조하는데 다른 덕목(德目)보다
그 부분을 유난히 강조하는 이유는 무엇입니까?

[Hill] '사람은 자신이 생각하고 믿는 대로 된다'는 말을

들어본 적이 있을 거요. 이것은 실패를 생각하면 실패하게 되고 반대로 건강과 행복과 풍족을 바라고 믿는다면 그러한 것들 또한 성취하게 될 거라는 의미를 담고 있지요.

이렇게 설정한 목표는 우리 생각에서 두드러지는 위치를 차지하게 된다오. 그런 다음 그 목표는 우리 삶에서 현실적으로 그 모습을 드러내게 되어 있소. 마치 법칙과도 같다고 할 수 있는데 이는 인간이 만들어낸 법칙이 아니라 내 생각에는 적어도 신이 만들어낸 법칙이 아닌가 믿고 있다오.

말하자면 자기가 가진 커다란 믿음과 생각, 신념은 실제 삶에서도 그대로 나타난다는 거지요. 이때 우리가 할 일은 최선의 생각과 신념을 품어서 우리가 될 수 있는 최선의 사람이 되는 연습을 해야 한다는 것이오. 이것이 우리가 할 일이며 바로 우리 인생의 목표가 되어야 한다는 의미지요.

이런 목표의식에 '명확한'을 붙여 '명확한 목표설정'이라고 하는 것은 성취를 위한 개인적 역량을 배양하는 데 가장 기본이 되기 때문이라오. 잘 알겠지만 인생에서 훌륭한 성과를 내고자 한다면 먼저 자기가 인생에서 진정으로 소망하는 것이 무엇인지부터 알아내야 한다오.

인류 역사를 보면 모든 분야에 걸쳐 위대한 성공자 혹은 지도자들로 분류된 사람들은 모두가 하나같이 명확한 목표의식이 뒷받침된 능력을 발휘해 그런 성취를 이루어냈다는 사실을 알 수 있소. 반면 변변치 못한 실패자들에게는 그러한 목표의식이 없었으며 그 결과는 마치 목적지 없이 표류하는 조각배처럼 같은 곳만 몇 바퀴 뱅뱅 돌다가 원래 자리로 돌아오곤 했던 거지요.

이 부분, 내 설명에 오해 없기 바랍니다. 앞에서 언급한 실패자들 중에도 많은 이가 처음부터 명확한 목표가 없었던 것은 아니었을 거요. 다만 일시적인 실패나 주변의 비판 혹은 반대를 겪으면서 곧 주눅이 들어 자기 목표를 집어 던진 사람들이라는 뜻이 더 정확할 거요.

그런 우(愚)를 범하는 이유는 대개 목적의식에 관해 하나의 수학공식처럼 분명하고도 믿을 만한 성공철학이 있다는 것을 알지 못하기 때문이라고 할 수 있소. 예컨대 일시적 패배는 최종적 실패가 아니라 대처하기에 따라 얼마든지 전화위복이 될 수 있다는 것을 알지 못한다는 말과 같은 의미이지요.

가령 올림픽에 참가하는 선수들은 모두 오직 하나의 목표만을 향하여 땀을 흘리지요. 그 결과 금메달을 따내 영광의 주인공이 되기도 하고요. 이 부분에서 '오직 하나의 목표'가

'명확한'이라는 말과 동의어쯤되겠지요.

스포츠 분야만이 아니라 세계문명이나 현대인의 삶에 공헌한 사람들까지 포함하면 목적의 단일성 내지는 명확성이 얼마나 중요한지 확인하게 해준 사람들의 수는 셀 수 없을 정도로 많을 거요. 일찍이 카네기도 이런 사실을 간파했기에 산업계 동료나 각계 지도자 500여 명의 도움을 받아 성공철학을 만들어내도록 나를 부추긴 것이지요.

Kim 실제로 동서고금의 역사를 살펴보면, 인류의 98퍼센트 정도가 인생의 궤적을 밟는 동안 명확한 목표의식이라고 할 만한 분명한 무언가를 지니지 못한 채 살아간다고 합니다. 목표를 가지고 사는 삶이 쉽지 않다고 해도 이는 그야말로 현대사회의 비극이라고 할 수 있는데 이에 대해 선생님 견해는 어떤지 듣고 싶습니다. 그리고 명확한 목표설정이 가져다주는 혜택에는 구체적으로 어떤 것들이 있을까요?

Hill 현대사회의 비극이라는 점에 전적으로 동의하오. '명확한 목표설정'의 원리가 지닌 다양한 특징 가운데 하나는 그것이 새로운 아이디어의 창출을 이끌어 자기발전의 기회를 강화한다는 것이라오. 물론 이를 통해 기회를 적극 포용하거나 진취적 자세를 활용 가능한 상태까지 증진해 주지요. 그런데 이런 것들도 목표가 명확하게 설정되어 있지 않다면 의미가 없는 내용이겠지요.

목표가 명확해지면 어떤 혜택이 주어지는지 질문했는데 결론을 먼저 얘기한다면 생각하는 것보다 많은 것이 주어진다고 할 수 있지요. 가령 물질적 성공에 이르기 위한 필수조건인 자기 신뢰, 진취성, 상상력, 열정, 자기 단련, 노력의 집중도 등을 강화해 주지요. 또한 시간을 적절히 배분하거나 일상적 노력을 체계화하여 인생 목표에 더 쉽게 도달하도록 해주는 역할을 한다고 할 수 있소.

더 나아가 명확한 목표설정은 주요 목표물이 나타났을 때 이것을 포착하는 데 좀 더 예민한 반응을 보이도록 하고 기회가 올 때마다 그것을 중심으로 움직이는 적극성을 보이도록 해주기도 하지요. 명확한 목표설정은 또한 타인과 적극적으로 협조체제를 유지하도록 도와주는 일도 하고요.

항상 긍정적 정신자세를 유지하도록 하고, 어떠한 두려움이나 의심으로 인한 제한적 사고에서 벗어나도록 해주며, 신념을 유지함으로써 최종 목표까지 도달할 수 있도록 해주는 것, 그리고 오늘 할 일을 내일로 미루는 나쁜 습관을 없애주는 것 등이 명확한 목표설정의 역할이라고 할 수 있소.

그러면 지금까지 한 설명과 관계없이 목표설정의 이점을 다른 각도에서 살펴볼까요?

가령 사람들은 아마도 스스로에게 이렇게 물을 수도 있을 거요. '성공하려면 정말로 목표를 세워야 할까? 목표를 세워야만 이런 이상적인 생각이 내 삶에 현실로 나타날까?' 이런 물음에 대한 답은 '그렇다'라고 할 수 있소. 그뿐만이 아니라오. '진정 목표설정에는 이점이 존재하는가? 그리고 목표를 달성하기 위해 자신에게 동기를 부여해 줄 그 이점이라는 것은 과연 무엇인가?'라는 것도 있겠지요.

질문이 어떻든 목표를 세우면 더 나은 자화상을 가질 수 있으므로 목표설정에는 큰 이점이 존재하는 것은 맞다오. 가령 앞으로 밀고 나가야 할 어떤 일이 있을 때 우리는 그것에 더 큰 무게를 싣게 된다는 것이오. 그러므로 사람은 누구나 더는 삶의 주변부에 있는 것이 아니라는 적극적인 생각을 해야 하지요. 말하자면 성취해야 할 목표를 가지게 되었을 때 자화상은 크게 발전된 모습을 보이게 되는 것이지요.

이 부분에서 중요한 한 가지를 더 언급한다면 '사람은 자화

상보다 앞서 나갈 수는 없다'라는 명제라오. 사실 목표를 세우면 자신의 현재를 향상할 수 있으며 나아가 분명히 미래를 위해 계속 발전해 나갈 수 있소. 결과적으로 목표설정은 자신감을 불러일으키며, 더 성공적이고 강인한 인간으로 변모하는 계기가 되지요.

이렇게 목표를 세움으로써, 더구나 그것이 '명확한 목표설정'이라면 사람에게 꼭 따라오는 좌절감의 정도도 낮출 수 있다오. 사실 사람이 살아가면서 여러 차례 크고 작은 문제에 부딪히는 것은 당연하고, 성공으로 향하는 길에서 벗어나기도 하는 것이 인생이지요. 그러한 때 목표를 세워두면 어긋나는 상황을 막을 수 있소. 삶의 뚜렷한 행로와 전체 모습 그리고 방향을 가질 수 있기 때문이지요.

결론적으로 '명확한 목표설정'이 확립되었을 때 인생의 과정에서 생겨나는 사소한 걸림돌은 거의 문제되지 않는 일로 받아들이게 된다오. 즉, 명확하게 설정된 목표는 더 크고 중요한 힘을 지니게 되어 장애물이나 걸림돌쯤은 가벼이 여길 수 있게 되지요. 이렇게 '명확한' 목표설정은 사람이 인생에서 진실로 원하는 바를 구체화해 주는 것이라고 할 수 있소.

Golden Tip 7

소망 달성을 도와주는 잠재의식

능력은 여러분을 정상으로 데려갈 수 있지만,
인격은 여러분이 정상에 머물 수 있게 해줍니다.

― 지그 지글러(Zig Ziglar, 미국 작가·동기부여가)

인간의 의식은 현재의식과 잠재의식 두 부분으로 성립되어 있다. 5감(感)으로 캐치되어 현재의식으로 보내진 모든 정보는 정리되고 분류되어 잠재의식 속에 보존된다. 이렇게 보존된 정보는 불러내 쓰기도 간단하다. 그것은 마치 서류 상자에서 필요한 서류를 꺼내는 것과 같은 원리이다.

잠재의식의 특징 중에는 어떤 아이디어나 정보라도 무차별하게 받아들인다는 성질이 있다. 당연히 선악을 구분하거나 시비를 판단하는 능력은 없다. 그러나 한편으로 사람은 자신이 원하는 정보만큼은 자기 잠재의식에 입력해 둘 수 있다. 다시 말해 자발적으로 잠재의식을 활용하거나 소망 혹은 목표 등을 구체적으로 입력할 수 있다는 것이다.

잠재의식의 다른 중요한 성질은 신념과 같은 강한 감정과 그에 이어진 정보에 민감하게 반응한다는 사실이다. 이것은 '소망은 자아실현을 위한 힘을 지니고 있다'라는 말로 설명이 가능하다. 조금 어려울 수도 있겠는데 결국 소망을 잠재의식에 입력할 때 신념을 갖는 것이 얼마나 중요한지 알 수 있는 단서이다.

이외에도 잠재의식은 밤낮을 가리지 않고 수면을 취하는 일도 없이 작용하면서 인간이 모르는 방법으로 무한의 지성과 교신할 수 있다. 잠재의식은 그 교신을 목표달성의 가장 확실한 수단으로 이용하면서 소망을 실현하는 것이다.

이렇게 인간은 잠재의식을 '완전하게' 컨트롤할 수는 없지만 의지의 힘으로 소망이나 목표를 잠재의식에 맡겨버리는 일은 가능하다. 그것이 어떻게 가능한지 구체적인 방법은 《성공의 법칙》 중 '잠재의식을 움직이는 3가지 원칙' 등에서 잘 설명하고 있다.

이렇게 '자기 안의 거인'이라고 할 수 있는 잠재의식이 인간의 마음과 무한의 지성을 이어주는 '고삐줄'이라는 것은 많은 근거로 증명되고 있다. 즉, 우리는 잠재의식을 매체로 무한의 지성과 자유롭게 교신할 수 있다. 말하자면 잠재의식만이 '착안'을 현실의 것으로 바꾸어 놓는다. 그뿐만이 아니다. 인간의 소망 달성이라는 '기도'를 들어주는 것도 사실은 잠재의식인 것이다.

잠재의식은 한시도 게으름을 피우지 않는다. 이 부분이 중요하다. 가령 당신이 게을러서 잠재의식에 좋은 정보를 넣어주지 않으면 잠재의식은 오히려 파괴적인 쓰레기 정보를 넘칠 정도로 받아들이게 된다. 예를 들면 우리의 잠재의식에는 쉴 새 없이 소극적인 정보와 적극적인 정보가 무차별하게 입력된다.

우리는 매일 온갖 정보의 소용돌이 속에서 생활한다. 이들 정보는 긍정적인 것도 있지만 부정적인 것도 있고, 어떤 것은 소극적이며 어떤 것은 적극적이다. 그렇기에 소극적이고 부정적인 정보는 차단하고, 적극적이고 긍정적인 정보만 들어오도록 노력해야 한다.

그런 노력을 열심히 하면 잠재의식의 문을 여는 열쇠를 손에 쥐게 된다. 그 열쇠는 문을 자유자재로 여닫을 수 있게 해주며, 잠재의식에 바람직스럽지 못한 정보가 침입하는 것을 방지할 수 있다.

다음은 잠재의식과 떼어놓을 수 없는 상상력과 창조의 관계를 알아보자. 사실 창조는 하나같이 순간적인 '마음의 번뜩임'으로 시작된다. 이는 마음에 싹트는 것이 없다면 만들어낼 수 없다는 것을 뜻한다. 가령 마음에 번뜩인 정보가 상상력의 도움을 받아 구체적인 것이 되며 그 뒤에는 계획 속으로 짜여 들어가게 된다.

다시 말해 상상력은 잠재의식과 협력하면서 여러 가지 아이디어나 성공을 위한 계획을 만들어내는 것이다. 이때 잠재의식에 입력된 정보는 온갖 상상력의 작용으로 신념과 이어지지 않으면 안 된다. 그런 후 신념이 계획이나 목표와 결합해 다시금 잠재의식에 입력될 때도 상상력이 필요하다. 이 부분에서도 상상력의 힘을 알 수 있다.

여기까지 설명으로 어느 정도는 이해되었겠지만 사실 잠재의식을 자기 뜻대로 작용시키려면 《성공의 법칙》에서 설명하는 15가지 조건의 모든 요소가 동원되지 않으면 안 된다.

《The Law of Success》

나폴레온 힐과의 대화(8)

성공자들의
공통점

주변의 많은 사람을 보면 같은 능력과 기회가 있었는데도 사람 간에 격차
가 나는 이유가 바로 정확한 사고의 차이에서 기인한다. 성공하는 사람들은
어떤 일을 할 때 중요한 것을 골라내고 적절히 사용할 줄 안다. 열심히 일만
한다고 해서 얻어지는 것이 성공은 아닌 것이다. 오히려 성공자들은 적게
혹은 쉽게 일할 것이다.
— 정확한 사고(思考)

[Kim] 얘기만 들어도 흥미진진하군요. 그럼 다시 앞으로
돌아가서 여쭤보겠습니다. 처음부터 쉬운 일일 거라고 생각
하지 않으셨겠지만 말씀만 들어도 일이 순탄하게 진행되지
않았음을 알 수 있네요. 왜 20년이라는 세월이 필요한 프로
젝트인지도 알겠고요. 앞에서 헨리 포드와의 험난한 만남을
얘기하셨는데 그다음은 어땠나요. 순탄했나요?

Hill 전혀 그렇지 않았소. 헨리 포드 이후 인터뷰도 별 차이 없이 어려움 속에서 진행되었다오. 그러나 어쨌든 성공의 황금률을 정리하기 위해 카네기가 소개한 인물들을 잇달아 만났소. 예컨대 토머스 에디슨, 시어도어 루스벨트(미국의 제26대 대통령), 킹 질레트(안전면도기 발명을 계기로 거대한 기업을 이룩한 인물), 존 록펠러(스탠더드오일사 창립자), 알렉산더 그레이엄 벨(전화 발명가), 윌버 라이트(비행기 발명가 라이트 형제의 형), 세계 최대 금융회사 모건의 창립자 존 P. 모건 주니어, 미국 최대의 신사복점 존 워너메이커의 창시자 존 워너메이커, 조지 이스트먼(코닥 창립자), 찰스 슈왑(US 스틸 사장)을 포함하여 정말 많은 성공자들을 만났다오.

그들을 만났지만 내가 인터뷰할 당시에는 결코 유명한 성공자가 아니었던 사람들도 많았소. 그렇지만 카네기가 일찍이 예고한 대로 나중에 그들은 모두 미국 전역에 그 이름을 떨치게 되었다오.

그들을 만나면서 나는 더욱 놀라운 것을 알게 되었지요. 그것은 내가 인터뷰했을 당시 무명인뿐만 아니라 이미 유명했던 많은 성공한 사람 역시 놀랍게도 무명일 때부터 카네기에게서 성공의 노하우를 배우고 있었다는 것이었소. 아니, 서로

주고받고 있었다는 것이 더 정확한 표현이겠군요. 가령 내가 인터뷰한 사람 가운데 나중에 대통령이 된 우드로 윌슨도 이같이 말했지요.

"내가 곤란한 상황에 놓일 때마다 카네기의 성공 노하우가 가장 중요한 재산이었고, 또 힘이 되어 주었다."

이는 바꿔 말하면 미국의 대표적 성공자들 대부분이 카네기의 성공철학이 만들어낸 인물이라는 뜻이었소. 이런 사실은 그가 누누이 강조한 '성공하려면 성공하는 황금률을 잘 지켜야 한다'는 말을 증명하는 것이었소. 나는 이런 사실을 알면 알수록 등골이 오싹해지는 것을 견딜 수 없었지요.

그럴수록 나는 카네기가 소개해 준 인물들의 방대한 자료를 정리하고 인터뷰하고 체계화하는 작업에 박차를 가했소. 그러나 500여 명에게서 공통점을 찾아내는 작업은 쉬운 일이 아니었다오. 그중에서도 가장 큰 난관은 내가 지금까지 가지고 있던 성공자에 대한 편견이었소. 착각하고 있었다는 것인데 이제까지 나의 성공자에 대한 이미지는 이랬지요.

- 가문이 좋고 유복한 가정에서 자랐다.
- 훌륭한 교육을 받고 유명한 학교를 졸업했다.

- 일류기업에서 엘리트 코스를 거쳐 독립했다.
- 성격이 밝고 대인관계가 좋다.
- 인맥을 풍부하게 지니고 있다.

그런데 조사하다 보니 그런 이미지 대부분이 잘못 생각한 것이었다는 것을 알았소. 가령 내가 만난 성공자들은 가문이나 유복한 가정과는 전혀 관계가 없었지요.

예컨대 에디슨으로 대표되는 것처럼 성공자 대부분은 만족할 만한 교육 같은 것은 받지 않았소. 성격도 헨리 포드처럼 말이 없고 얌전한 사람도 있었지만 열정에 넘치고 집념이 강한 사람도 있었고요. 성공은 외형과는 크게 관계없었으므로 결국 내 편견을 반성하게 되었다오.

Kim 지금 말씀하시는 것은 큰 성공을 하는 데는 좋은 교육이나 유복하게 태어난 것 외에 다른 조건들이 필요하다는 뜻으로 들리네요. 어쨌든 성공자들에게는 나름대로 공통점이 있을 테고 선생님이 하는 작업은 그런 특징 속에서 어떤 규칙을 찾아 정리하는 일이지 않습니까? 그렇다면 운(運)이 강한 것이 그들의 특징일까요?

Hill 그 말은 '운(運)이 강한 사람이 유리하지 않겠는가?'라는 것이군요. 물론 무엇을 하든 운이 좋은 사람이 있고 그들이 큰 성취를 하는 것은 부인할 수 없는 사실이오. 그렇다고 하여 내가 인터뷰한 모든 사람이 오직 운에 매달려 성공한 것은 아니었다오. 그리고 모든 사람이 다 운이 좋은 것도 아니고요. 즉 성공 요인은 운 같은 것이 아니라는 얘기입니다. 그 대신 그들은 모두 자신이 회사를 창립해서 엄청난 역경을 거쳐 발전시켰소. 그중에는 수없이 도산 위기를 넘긴 회사가 많았다오.

그러면 '도대체 공통점 따위는 없는 것일까?'라는 의문이 들 거요. 반드시 그런 것은 아니라오. 그들은 모든 사람이 불가능하다고 생각하는 것조차 '하면 된다'고 생각하고 그렇게 행동했소. 불가능하다고 생각하던 것을 가능하게 하는 그들의 행동력에는 머리가 숙여지더군요.

그리고 아무도 생각해내지 못하는 것을 생각하는 상상력, 미래를 바라보는 선견지명과 그 사고를 현실화하는 실천력, 자신이 생각한 것이 실현될 때까지 절대로 단념하지 않는 근성과 적극성 등의 특징이 있었다오.

예컨대 내가 성공철학을 정리하는 사명을 완수하기 위해

불굴의 정신으로 매진할 때, 나에게는 반대 세력이 많았소. 그들, 즉 반대가 극심했던 사람들에게는 나름대로 정당한 이유가 있었지요. 특히 가족이나 친구들이 거의 협조적이지 않았으므로 나 혼자 작업해야 했소.

그런 힘든 와중에 내 일을 직접적으로 도와준 사람들이 주변에 여럿 있었는데 그중에서도 에드윈 번즈(Edwin C. Barnes)는 성공철학의 원고가 완성되는 20년 동안 물심양면으로 지원해 주었소. 번즈는 에디슨과 동업해 백만장자가 됨으로써 성공철학을 실제로 적용한 인물이기도 하지요. 게다가 그는 나를 전적으로 신뢰했다오.

번즈는 처음 만났을 때부터 내가 하고자 하는 일생의 프로젝트를 적극적으로 후원하겠다고 약속했소. 고맙게도 그는 성공철학을 반드시 완성할 거라는 나의 강한 확신과 신념에 큰 격려를 보냈지요.

번즈 얘기를 조금만 더 해봅시다. 그는 차비도 없어서 화물차 짐칸에 숨어 에디슨을 찾아가 '꼭 당신과 동업자가 되겠다'고 선언한 후 5년 만에 공동 사업자가 되었소. 그는 당시 에디슨이 누구인지도 잘 모르고, 만난 적도 없으며, 에디슨연구소까지 갈 차비도 없었지요.

그러나 반드시 동업자가 되겠다는 굳은 결심을 하고 화물차에 숨어 에디슨을 만나러 갔소. 에디슨의 회고에 따르면 그는 '떠돌이 부랑자의 모습이었다'고 하는데, 어쨌든 그로부터 5년 동안 잡일을 마다하지 않으면서 에디슨의 동업자가 되기를 기다렸고 마침내 꿈을 이루었다오.

번즈의 성공에는 성공철학의 많은 요소가 적용되었다고 볼 수 있소. 명확한 목표, 상상력, 끈기, 집중력, 플러스알파의 노력, 자기 신뢰, 조직화된 노력, 실용적인 신념 등 많은 것이 함께 작용했지요.

번즈의 사례를 조사하면서 나는 '성공자들의 공통점은 분명히 있다. 성공한 사람들은 자신의 사고와 성취에 대한 상상이 너무도 뚜렷해 그것을 실현하기까지는 무슨 일이 있어도 단념하려고 하지 않는다'는 것을 발견했다오. 이런 일련의 과정을 거치면서 나는 결심을 더욱 다졌다오.

"카네기가 말한 성공의 황금률은 반드시 있다. 성공하는 인물은 무명일 때부터 이미 성공할 요소를 지니고 있다. 그 공통점을 체계화하고 배운다면 누구든 성공자가 될 수 있다. 그렇다면 내가 먼저 반드시 대성공을 이루어 보이겠다. 반드시!"

6감(感)과 직관력, 천재와 범인의 경계

우리가 반복하는 것이 우리 자신이다.
그렇다면 탁월함은 행동이 아닌 습관인 것이다.
— 아리스토텔레스(Aristoteles, 그리스 철학자)

인간의 마음은 자극에 반응하며 그때에야 비로소 마음의 진동이 높아진다. 이에 따라 열정, 창조적 상상력, 강렬한 소망 등이 만들어진다. 한편 인간의 마음속에 아이디어나 산뜻한 기획 등이 떠오르는 것은 직관(直觀) 능력에 의해서이다. 그 직관은 다음 중 하나 혹은 복수의 항목이 짜 맞추어져 형성된다.

* 무한한 지성
* 잠재의식. 그 안에는 온갖 감정과 충동적인 생각이 간직되어 있다.
* 남의 아이디어에서 힌트를 얻는다.
* 다른 사람의 잠재의식을 통해 얻는다.

어떤 좋은 생각이나 아이디어라 할지라도 이런 네 가지 외에 다른 요소로는 탄생하지 않는다. 물론 책이 나열하는 구석구석에서 마음의 자극을 언급하지만 평범한 사고로는 도저히 이르지 못하는 것들이 큰 역할을 하는 것이다.

예컨대 번뜩이는 아이디어는 하나같이 두뇌 활동을 비상하게 구동한 결과라고 볼 수 있다. 그때 떠오르는 아이디어는 아득히 먼 저편, 장래에 대한 전망을 할 수 있게 해주며 또한 일이 중도에서 막혔을 때 해결책을 제공해 준다.

마음을 잘 자극하면 자기 생각을 훨씬 높은 수준까지 끌어올릴 수 있다. 예를 들면 비행기를 탔을 경우 하늘 높이 날아 오른 것 같은 기분을 느낄 수 있다. 지금까지 바라볼 수 없었던 수평선도 손에 잡힐 듯이 전망할 수 있다. 이렇게 수준 높은 생각을 함으로써 지금까지 의식주 등 일상적인 일에만 사로잡혀 있던 사고의 한계가 타파되고 제한이나 방해 등으로부터 해방되는 것이다.

결국 마음이 해방된다면 독창적인 상상력은 자연스럽게 활동하게 되며 그와 같은 자유스러운 활동 가운데서 제6감(感)이 기능하게 된다. 이렇게 되면 상식으로는 도저히 생각할 수 없었던 아이디어와 지혜가 이 제6감으로 탄생한다. 말하자면 제6감이야말로 천재와 범인을 구분하는 경계가 되는 것이다.

"천재는 자기능력의 극히 일부분만을 쓴다"는 말처럼 인간은 자기 두뇌 용량에 비해 실제로 사용하는 용량은 지극히 적다는 것은 많이 들어봤을 것이다. 바꿔 얘기하면 인간은 직관력을 충분히 사용하지 않는다는 것이다. 이때 직관력이란 판단이나 추리 따위의 사유 작용을 거치지 않고 대상을 직접적으로 파악할 수 있는 능력을 말한다.

직관력의 특징 중 하나는 자신의 잠재의식 이외의 원천에 의해 발생할 때 특히 날카로움이 증가된다는 점이다. 이는 재능은 사용하면 사용할수록 신뢰성이 증가하며 그렇게 되면 재능은 더 활발하게 증가하게 된다는 뜻이다. 이렇듯 재능을 계발하려면 직관의 순환성을 충분히 활용하여 계속 많이 이용해야 한다.

유명한 예술가나 위대한 작가, 음악가, 시인 등이 어떻게 해서 그렇게 위대해졌는지 분석해 보면 이 부분은 바로 증명된다. 예컨대 그들은 독창적인 상상력으로 자기 내부에서 들려오는 소리 없는 소리, 즉 조용한 '속삭임'을 신뢰하였다. 동서고금의 위대한 성취자들이 마음속 소리 없는 속삭임을 신뢰하는 상상력의 소유자이며, 이들이 가장 좋은 아이디어를 제6감에서 이끌어내는 것은 틀림없는 사실이다.

웅변을 잘하는 것으로 알려진 어떤 교수는 강연이 최고조에 이르면 언제고 눈을 감았다. 사람들이 어째서 클라이맥스에서 눈을 감는지 묻자 그 교수는 이렇게 대답하였다.

"나는 마음속에서 솟아오르는 아이디어와 이야기하고 있습니다."

미국에서 가장 성공한 은행가는 중요한 결단을 내리기 전에 2~3분 정도 눈을 감는 습관이 있었다. 왜 그렇게 눈을 감느냐고 묻자 그는 눈을 감음으로써 무한한 지성에서 필요한 것을 끌어낸다고 대답하였다. 상상력과 직관력 그리고 잠재의식을 잘 이용한 것이다.

《Think & Grow Rich》

PMA
(적극적인 사고방식)

수도 없이 많은 사람이 습관의 원리를 파괴적으로 활용함으로써 빈곤과 결핍의 삶에서 벗어나지 못한다. 자기 능력으로 얼마나 벌 수 있겠느냐는 생각을 하는 한 그 이상은 획득할 수 없다. 습관의 원리가 자신이 벌 수 있는 금액에 명확한 한계를 긋기 때문에 더 많은 돈을 벌 수 없는 것이다.

– 부(富)의 습관

Kim 정말 궁금한 점이 있습니다. 카네기가 자기 제안을 받아들이라면서 '성공자들을 조사하는 과정에서 배운 내용을 잘 응용하면 자네도 부자가 된다'고 했다는데 실제로 적용해 보셨나요? 그리고 성과는 어땠습니까? 난다 긴다 하는 500명이나 되는 성공자를 만나 행동을 관찰하고 그 철학을 응용했다면 분명히 성취에 도움이 되었을 것 같은데요.

Hill　그것은 틀림없는 사실이오. 나는 성공 프로그램을 정리하는 한편으로 생계 문제를 해결하려고 한동안 변호사 업무와 관련된 일을 했는데, 지금까지 해왔던 잡지기자 등의 경험이 인정되어 당시 부실했던 시카고 대학의 홍보부장 일을 맡게 되었지요.

학교에 부임해 보니 이 대학은 적자 누적으로 큰 경영 위기에 직면해 있었다오. 그 때문에 급료로 받은 수표를 현금으로 바꾸기 위해 이 은행, 저 은행을 찾아다녀야 할 정도였소.

나는 홍보보다도 적자를 해결하는 일이 우선이라고 판단했고, '이 학교가 적자투성이인 데는 이유가 있을 테고, 해결 방법 또한 있을 것이다'라고 생각해 그 문제에 매달렸지요.

우선 이유를 찾고 문제를 세분한 다음 리스트를 만들다 보니 가장 큰 원인은 학교 경리부장 탓이었음을 알아냈지요. 경리부장은 수업료를 내지 못한 학생들을 처벌하겠다고 위협했소. 그런 공포주의 때문에 학생들은 몹시 화가 나서 학비를 내지 않았다오. 원인은 내부에 있었던 것이지요.

나는 이런 조사 결과를 보고서로 만들어 학교 측에 제시하며 대안을 만들려면 경리부장을 바꿔야 한다고 제안했지요.

"경리부장을 다른 곳에 자리를 만들어 내보내고 다른 사람을 영입해서 새로운 방식으로 문제를 풀어가야 합니다."

우여곡절은 있었지만 다행히 내 요구가 받아들여졌고, 영업이 전문이었던 인물을 경리부장 자리에 새로 앉혔지요. 나는 새 경리부장과 의논하여 지금까지의 방식, 즉 학생들에게 벌을 주는 대신 그들을 학교의 일원으로 받아들이는 정책을 시행했다오.

당시에는 획기적인 발상의 전환이었으니 당연히 보수적인 학교 측의 격렬한 반대에 부딪혔지요. 그러나 새로운 방식에는 분명히 저항이 있을 거라고 처음부터 예상했으므로 그럴수록 더 강하게 밀어붙였소.

"학교를 이 상태로 방치할 수는 없습니다. 새로운 발전 방안을 시행해야 합니다."

물론 대학을 재건하려면 꼭 필요한 일이라는 확신이 있었기에 주위의 비판도 고려했고 어느 정도 대가는 치르겠다는 각오도 했소. 그런데도 학교 측은 선뜻 결심하지 못했다오. 아마도 학교 조직이 보수적이라 급격한 변화를 원치 않아 그랬겠지만 그들의 의견은 이랬다오.

"학교 발전을 위해 제안하는 취지는 이해하지만 이런 급진적인 방식은 들어본 적도 없고, 이해도 잘 안 되니 좀 더 시간을 두고 생각해 봅시다."

어떻게 얘기해도 나 역시 이 문제를 양보할 마음이 없었다오. 왜냐하면 지금 조치를 취하지 않으면 학교의 존폐문제로까지 비화될 수 있었기 때문이지요.

"생각해 보자고 하시는데 지금 생각을 늦춘다고 될 일이 아닙니다. 생각을 길게 하다 보면 인간은 소극적으로 될 뿐이니 지금 바로 행동으로 옮겨야 합니다."

나의 강한 주장이 주효했는지 아니면 상황이 엄중해서였는지 학교 측은 얼마간 숙고했지만 결국 내 주장을 수용하는쪽으로 결정이 났다오.

"그럽시다. 상황이 엄중하니 그 제안대로 시행합시다. 이왕하기로 했으면 즉각 실천에 옮깁시다."

Kim 선생님 주장을 스스로도 급진적인 정책이라고 하셨는데 보수적인 학교 재단에서 그런 제안을 받아들이는 데는 고민이 컸을 듯합니다. 사람은 기본적으로 새로운 것에 거부감이 있지 않습니까. 대학의 발전전략이라는 취지는 이해되지만 선생님에게도 큰 모험이었을 것 같은데 그럼 이후의 진행은 순탄하게 잘되었나요?

Hill 답은 이미 알고 있겠지만 적용하기가 쉽지는 않았다오. 우여곡절은 있었지만 결국 내 주장은 받아들여졌으나 그 내용은 이전까지 시도된 적이 없는 혁신적인 것이었소. 그렇기에 나로서도 큰 모험이었던 것은 사실이었고. 어쨌든 그로부터 전에는 한 번도 경험한 적이 없는 조치가 취해졌지요. 시행안은 크게 두 가지였는데 지금 생각해도 당돌하기 이를 데 없는 획기적인 내용이었다고 할 수 있소.

> **첫째, 학생들의 주주화:** 학생들에게 8%의 이익을 제공한다는 조건으로 대학의 주식을 판다. 그것만으로도 학교 적자를 대폭 줄일 수 있다.
>
> **둘째, 학생들의 세일즈맨화:** 학생들을 대학의 세일즈맨(신입생 권유)으로 만든다. 기존 학생들이 노력하면 더 많은 신입생을 유치할 수 있다.

정리하면, 학생들을 주주(株主)화하고 또 그들의 도움을 받아 신입생을 대거 모집해서 불과 몇 년 만에 파산 직전이었던 대학을 미국 유수의 명문학교로 발돋움하게 만들었지요. 그로부터 대학은 어느 곳보다 빨리 성장했고 학교 이름도 미국 전역에 알려지게 되었다오.

결과를 본다면 내가 시도한 것은 올바른 판단이었소. 이 사례를 적용한 데에는 그동안 조사하고 공부한 '성공의 황금률'의 도움을 받아 그런 결과를 만들었다는 것은 말할 필요도 없겠지요. 사실 이런 올바른 판단을 한 것은 카네기가 가르쳐준 성공철학과 많은 성공자를 접하면서 체득한 지혜를 활용한 덕분이라오. 또한 그것은 책을 완성하는 데도 큰 도움이 되는 가치 있는 체험이었다오.

당연한 말이지만 목표를 세우고 난 다음 가장 중요한 것은 그것을 실천으로 옮기는 일이지요. 목표설정이 첫걸음을 내딛는 것이지만 그다음 행동으로 옮기지 않는다면 의미 있는 결과는 없는 것이오. 생각을 하는 데 얼마나 많은 시간을 투자했느냐 혹은 얼마나 많은 공부를 했느냐는 아무 소용없지요. 대학에서 내가 실행한 것은 결국 행동 없는 탁상공론은 어떤 이득도 주지 못한다는 산 경험이 되었다오.

그때 얻은 교훈을 요약해 보면, '성공을 하고 어떤 결과를 창출하는 데는 그럴 만한 이유가 있다'는 것이고 그 체험이 훗날 PMA 개념을 정리하는 바탕이 되었다는 것이었소.

PMA(Positive Mental Attitude)는 '적극적인 자세' 혹은 '적극적인

사고방식'쯤의 의미이고, 이와 반대 개념으로 NMA(Negative Mental Attitude)는 '소극적인 자세'쯤 되지요. 이때 NMA는 PMA 와 달리 성공하지 못하는 사람들의 자세라고 볼 수 있소. 중요한 것은 소극적인 자세는 찾아 들어오던 부(富)도 쫓아낸다는 것이라오.

가령 긍정적인 사고방식과 적극적인 자세(PMA)는 부를 유인하지만, 부정적인 사고방식과 소극적인 자세(NMA)는 부를 멀리 밀어낸다고 할 수 있지요. 예컨대 '돈이 돈을 버는데 불행히도 나는 가진 돈이 없다'는 표현을 남발하는 사람이 NMA 에 해당한다면, 자신이 추구하는 부를 성취할 때까지 계속 시도를 멈추지 않는 사람은 PMA를 갖고 있다고 볼 수 있소.

물론 사람이 살다 보면 부정적인 면의 지배를 받을 때가 있지요. 그래서 한 걸음만 더 나아가면 목적지에 닿을 수 있는데도 중간에서 발걸음을 멈추는 경우가 생기는 거라오. 이렇게 PMA 정신으로 무장하고 앞으로 나아가다 보면 누구나 자기가 추구하는 경제적 안정과 부를 얻을 수 있는 것이오.

이 부분을 조금 더 보충 설명해 보면, 성공할 기회를 내 것으로 만들려면 거기에는 반드시 문제가 발생하게 되오. 그러면 소극적으로 생각하지 말고 적극적으로 생각하라는 것이지요. 어떤 문제이든 세분하여 하나하나 해결책을 세우다 보면 해결이 안 되는 것은 없다오.

얼핏 보면 해결이 불가능하다고 여겨지는 문제도 하나하나 세분해서 생각하다 보면 좋은 해결책이 발견된다는 말이오. 이때 필요한 것이 바로 '적극적 사고방식'이라오. 꼭 명심할 것은, 어떤 문제가 발생했다고 하더라도 그것은 '성공의 씨앗'이 만들어졌다는 신호로 생각하여 절대 포기하지 않는 강한 열의를 보여야 한다는 것이라오.

지금까지 얘기한 내용을 정리하면, PMA로 무장한 상태에서 자기가 원하는 바를 쟁취할 기회, 즉 목표가 시야에 들어오면 일단 먼저 행동하라 것이오.

다시 강조하지만 긍정적인 사고방식과 적극적인 자세는 부(富)를 유인한다는 말을 명심하기 바라오.

황금률(The Golden Rule)의 이행

위대함의 비밀은 간단하다.
계속해서 같은 분야의 그 누구보다도 열심히 하라.

– 윌프레드 피터슨(Wilfred A. Peterson, 미국 작가)

"남에게 대접을 받고자 하는 대로 너희도 남을 대접하라." 이것이 황금률(黃金律)이다. 황금률은 황금처럼 중요하게 받들어야 하는 계명을 말한다. 사실 황금률이라는 말을 수도 없이 들으며 살지만 이를 정말로 실행하는 사람은 그렇게 많은 것 같지 않다.

어쨌든 황금률의 핵심은 남의 처지를 내 처지로 바꾸어 생각하고 실천하는 생활방식을 말한다. 물론 황금률을 지키면서 살아가는 것이 말처럼 쉽지는 않겠지만 꾸준히 실행하다 보면 어떤 문제라도 해결할 수 있다는 것은 분명하다.

황금률 계명을 이해하기 위해 다시 반복해 보면, '다른 사람들이 당신에게 해줬으면 하는 일을 다른 사람에게 하라'는 것이다. 사실 인간의 본성은 자신이 받은 만큼만 돌려주려고 한다. 그러나 성공자로서 우리는 황금률을 마음속에 항상 새기고 살아야 한다.

공자(孔子) 역시 황금률 철학을 공부할 때 보복의 법칙을 명심했을 것이다. 그리고 사람이 당한 만큼 되돌려주는 경향을 어느 정도 공부했기에 여기에 약간 설명을 추가했을지도 모른다.

황금률이 기본으로 하는 법칙을 잘 이해하지 못한 사람들과는 이것을 주제로 한 대화 자체가 성립하지 않는다. 그런 이유로 그들에게는 '눈에는 눈, 이에는 이'의 요점이 그저 보복의 법칙 그 이상도 그 이하도 아니다. 만약 그들이 이 법칙의 부정적인 면을 충분히 인식한다면 반대로 긍정적인 측면도 얼마든지 이용할 수 있을 것이다.

다른 말로 표현하면, '만일 다른 사람이 당신을 헐뜯기를 원하지 않는다면 당신 역시 다른 사람을 헐뜯는 일을 당장 그만두어야 한다'는 것이다. 더 나아가 다른 사람에게 친절하게 대하고 그 사람 편에 서서 행동해 보라. 그러면 그 사람도 마찬가지로 당신 편에 서서 같이 행동할 것이다.

그런데 혹시 남에게 베푼 친절이 당신에게 돌아오지 않았다면 그다음엔 어떤 일이 일어날까? 걱정하지 않아도 된다. 그 경우에도 당신은 얻는 것이 분명히 있다. 즉, 당신이 행한 친절이 잠재의식에 자리 잡아 당신은 이미 친절한 사람으로 한 걸음 더 나아간 셈이 된다.

그러므로 황금률 철학에 기인한 친절을 항상 몸에 배게 하라. 그러면 최소한 한 가지 이득은 확보하는 것이며 더 나아가 여러 가지 이익을 함께 얻을 수 있다. 이런 노력을 계속한다면 언젠가는 남에게 바라지 않고도 그 친절을 계속 베풀 수 있다.

간혹 그 친절이 당신에게 다시 돌아오지 않을 수도 있다. 그러나 그동안 이미 당신의 성격은 활기 넘치게 변해 있을 테고, 또 감사하거나 돌려줄 줄 모르는 사람에게 낭비된 것으로 알았던 당신의 친절이 이자에 이자가 덧붙어 다시 돌아왔다는 사실을 확인하게 될 것이다.

기억하라! 당신의 명성은 다른 사람에게서 만들어진다. 하지만 당신의 인격은 바로 당신 자신이 만드는 것이다!

물론 당신은 당신 명예가 훌륭하길 바랄 것이다. 하지만 명예는 다른 사람들이 만들어주는 것이다. 그러므로 명예를 얻기까지는 당신이 조절할 수 없는 다른 사람들의 의견이 있다는 사실을 기억하라. 당신의 인격을 이용해 다른 사람이 당신을 보는 눈을 달라지게 만들어라. 당신의 인격은 바로 당신 자신이다.

당신의 생각과 행동이 당신의 인격이다. 그것은 당신이 충분히 컨트롤할 수 있지 않은가! 당신은 그것을 약하게 할 수도 강하게 할 수도 있고, 선하거나 나쁘게 할 수도 있다. 당신 성격이 당신의 지배권 안에 있다는 사실을 명심하고 그런 사실이 만족스럽다고 느껴진다면 이미 당신 명예가 상처를 입지 않을까 걱정할 필요는 없을 것이다.

이런 사실들을 잘 직시하면서 살아온 에머슨은 이렇게 말했다.

"정치적 승리와 사업 수입 증대, 질병 치유는 물론 떠났던 친구가 돌아왔을 때 그리고 어떤 외부적 요인으로 흥분되었을 때 당신의 시대가 왔노라고 생각할지 모르겠습니다. 하지만 그게 아닙니다. 절대 그럴 수 없는 일입니다. 당신 자신 외에는 그 누구도 당신 마음에 평화를 가져다줄 수 없습니다. 원칙을 통한 승리 외에는 아무것도 당신에게 평화를 줄 수 없습니다."

다른 사람에게 친절하고 공정해야 하는 이유는 그 행동이 그대로 자기 자신에게 돌아오기 때문이다. 그러나 그보다 더 중요한 이유는 남에게 베푼 그 친절과 공정한 마음이 긍정적인 성격으로 발전되어 우리 모두의 행동이 그렇게 변해갈 수 있기 때문이다.

타인에게 친절하고 유용한 봉사를 제공했을 때 그 사람이 상응하는 보답을 돌려주는 것은 논외로 하더라도, 그런 친절로 형성된 성격에 부가되는 긍정적 효과를 유보할 사람은 아무도 없을 테니 말이다.

《The Law of Success》

목표와
삶의 좌표

집중력은 자신의 특정한 욕구를 실현하기 위한 수단과 방법을 계획하고 그 욕구가 성공적으로 이루어질 때까지 마음을 모으는 행위이다. 특정한 욕구에 마음을 집중하는 과정에는 두 가지 중요한 법칙이 있다. 그 첫 번째는 자기암시이고, 다른 하나는 습관의 법칙이다. 이때 습관은 같은 일을 같은 방법으로 반복하는 과정에서 자연스럽게 형성된다. 일단 습관이 형성되고 나면 다시 깨뜨리기는 힘들다.   - 집중력

[Kim] PMA 말씀 잘 들었습니다. 앞에서 명확한 목표설정의 당위성을 설명하셨는데 성공에 관한 어떤 책이든 가장 강조하는 것이 '목표' 부분입니다. 그것은 바꿔 말하면 심리학적 측면에서 목표설정이 중요하다는 뜻이겠지요. 결국 성공에 이르는 과정은 심리적인 것, 정신적 측면이 강하다는 말인데 이 부분에 대해 선생님 고견을 듣고 싶습니다.

Hill 상당히 예리하고 정확한 지적이오. 사실 성공으로 가는 길은 정신적 측면에 많이 좌우된다고 볼 수 있다오. 그런데 그 성공의 첫 단추가 명확한 목표설정이라고 했으므로 당연히 여기에는 심리학적 배경이 자리 잡고 있겠지요. 그러면 그 부분을 한번 살펴볼까요?

무릇 모든 성과가 달성되는 바탕에는 하나 이상의 동기가 작용하오. 더 구체적으로 얘기하면, 인간의 자발적 행동을 유도하는 데는 9가지 정도의 기본적 욕구가 존재한다오.

그것은 사람과의 사이에 사랑, 물질적 욕망, 섹스를 포함한 성욕, 정신적·육체적 자유, 자기표현, 자기 보전, 사후세계, 분노나 공포 같은 것이라오. 이런 요소들은 어찌 보면 인간의 가장 기본적 욕망인 셈이지요.

중요한 것은 우리 마음속에 자리한 아이디어와 계획 그리고 목표는 그것을 실현하겠다는 반복적인 생각과 강렬한 욕망이 뒷받침될 경우 잠재의식을 자극해 자발적 행동으로 이어지게 된다는 논리라오.

그 결과 잠재의식은 온갖 수단을 동원해서라도 그들이 지향하는 것을 끌어내려는 경향을 보이지요. 이것은 잠재의식이 신념을 통해 도달할 수 있고 마치 사람이나 실제 사물에

하듯이 그것들에 지시를 내릴 수도 있다는 점인데, 이때 위에서 언급한 동기들이 작용한다는 거지요.

그러므로 이 단계가 아주 중요해요. 앞에서 성취의 획득은 명확한 목표를 설정하고 그 목표를 달성하기 위한 계획을 세우는 데서 출발한다고 했던 말 기억하지요? 그런데 이때 목표가 명확하지 않다면 다음 단계로 나아가지 못하게 됩니다. 그렇게 되면 성취는 당연히 없겠지요.

정리하면 이렇소. 가령 절대적 신념이 의식적 정신세계를 지배하던 소망과 계획 또는 목표를 뒷받침할 때 더 선명하게 잠재의식으로 인계되어 자발적 행동의 기초를 이룬다고 보는 거지요. 이 단계에까지 이르렀다면 어떤 개인의 소망이 성과 없이 끝나는 경우는 거의 없다고 봐도 무방할 것이오.

믿을지 모르겠지만 인간의 사고력은 누구나 자신이 완벽하게 통제력을 발휘할 수 있는 유일한 힘이라고 할 수 있소. 따라서 사고의 집중으로 올바른 신념을 이끌어낸다면 그 어떤 것도 이루어낼 수 있다는 얘기가 되겠지요.

이렇게 명확한 목표의식은 절대적 신념이 뒷받침할 경우 '지혜'라는 형태를 띠게 되며, 이 지혜가 행동으로 옮겨질 때 생산적인 성과가 이루어진다오. 이런 사실로부터 모든 성과 달성은 명확한 목적의식하에 목표를 설정하고 달성하려는 계획을 세우는 데서 출발한다는 명제를 완벽하게 설명했다는 것을 알 수 있겠지요.

사실 어떤 일에서든 혹은 어떤 직업에서든 성공의 지속에 필수적 조건은 일종의 '성공의 의식화'이고, 이에 도움을 주는 것이 바로 명확한 목표의식일 거요. 물론 명확한 목표설정이 가져다주는 이점과 유용성은 아주 다양하지만 위에서 이미 중요한 특성들은 거의 밝혔소.

다만 목표의 단일성이라는 측면에서 보면 책에서 제안하는 어떤 것과도 밀접하게 연관되어 있다고 할 수 있다오. 이 말의 사실성 여부는 각 항목과 명확한 목적의식의 관계를 살핀 뒤 그것들을 달성해 나갈 때 목적의식이 얼마나 중요한 역할을 하는지 고찰해 보면 알 수 있을 것이오.

[Kim] 사실 선생님께서 말씀하시는 내용은 정도 차이가 있을 뿐 지금까지 성공한 사람으로 인정받는 대다수가 공통적으로 체험한 것들이라고 보입니다. 그들 이야기를 읽어보면 대부분 목표를 성취하겠다는 열정은 강했으나 그것 외에는 어떤 조건도 보잘것없는 상태에서 별다른 도움도 없이 시

작한 사람들이 많았습니다.

간단히 말해 자기 삶의 좌표를 세울 때 명확한 목표의식을 갖는 것은 쉬운 일 같지만 매우 중요하다는 얘기지요. 그러면 목표를 실제 자기 것으로 하려고 할 때 어떤 방법이 도움이 되겠습니까?

Hill 아주 중요한 얘기를 했소. 누구에게나 자기 삶의 좌표를 설정하는 것은 아무리 강조해도 지나치지 않지요. 그리고 그것은 명확한 목표설정의 다른 표현이라고 할 수 있고요. 다음 단계들을 잘 따른다면 원하는 성과를 거두는 데 큰 도움이 될 겁니다. 참고로 앞에서 얘기한 '부 획득의 6단계'에서 설명한 것과 중복되는 것도 일부 있으나 그것을 보완한 것쯤으로 읽어보면 오히려 도움이 될 거요.

첫째, 우선 자신의 주요 목표를 하나의 완성된 진술문으로 정리한 뒤 종이에 옮겨 적고 서명한다. 그리고 매일 반복적으로 읽되 가급적 큰 소리로 음독(音讀)한다. 이것은 목표를 여러 번 반복해서 읽음에 따라 자기 신념이 잠재의식의 세계, 즉 무한한 지성의 세계로 연결될 거라고 이해하면 된다.

둘째, 대상이 되는 목표를 성취하기 위해 꼭 필요한 과정을 생각하여 계획서로 작성한다. 이 계획서에는 목표를 달성하기 위해 요구되는 시간과 그것을 실현하는 대가로 무엇을 제공할지 명확히 밝힌다. 이 부분에서 명심할 것은 '공짜 점심은 없다'는 것, 이른바 세상에 공짜는 없다는 사실인데, 이는 어떤 것을 얻고자 하면 다른 어떤 것이 희생되어야 한다는 것과 같은 뜻이다. 물론 이것은 목표에만 해당하는 것이 아니라 모든 세상사가 그렇다고 대승적으로 봐야 한다.

셋째, 계획은 언제라도 변화를 수용할 수 있도록 융통성을 갖춰야 한다. 이 부분이 중요하니 마음속에 떠오른 좋은 생각이 있다면 언제든 기꺼이 자신의 계획에 반영하도록 해야 한다. 물론 이때 자신의 주요 목표와 계획이 전문가의 협력을 얻거나 다른 사람의 조언에 따른 추가 수정이 필요할 경우는 제외해야 한다. 이때 꼭 기억할 점은 우주 만물이 영원 불변할 수는 없다는 사실이다.

이상 세 가지 사항을 준수하는 데는 특별히 많은 노력이 필요하지 않으며 또한 일반인의 능력을 뛰어넘는 재능이나 시간 할애를 요구하는 것도 아닐 것이오. 그저 현재 자기 삶에서 진정으로 바라는 바가 무엇인지와 그 대가로 무엇을 제공할 수 있는지만 결정하면 되기 때문이지요.

아무튼 출발은 가급적 지금(Now) 하되 현재 목표지점에서 얼마나 떨어져 있고, 어떻게 해야 그곳에 도착할 수 있는지를 판단한 뒤 바로 시작하는 것이 중요한 포인트라오.

어떤 일을 하든 무엇이라도 좋으니 현재 수중에 확보한 수단이 있다면 그것을 가지고 일단 시작하는 것이 중요해요. 뒤로 늦춰서 되는 일은 인류 역사상 없었소. '차차'라는 길은 '실패로 가는 지름길'임을 명심해야 해요. 반대로 일단 시작하고 나면 더 좋은 수단이 계속 등장할 테니 성공 가능성 또한 그만큼 더 커진다오.

지금 와서 돌이켜보면, 카네기가 처음 시도하고자 했던 것은 자사의 일반 직원들 중 간부직 승진을 앞둔 사람들에게 자신의 성공철학을 가르쳐주고 그것이 그들이 역량을 발휘하는 데 얼마만큼 도움이 되는지를 살펴보는 것이었다오.

구체적으로는 그들이 얼마나 굳은 결심을 하고 명확한 목표를 추구하는지, 그러한 목표를 달성하기 위해 요구되는 준비 과정을 제대로 이행하는지를 살펴보는 일이었지요. 이런 그의 시도를 증명해 준 사람이 처음에는 카네기를 위해 일하다가 나중에 그의 후임자 자리에까지 오른 찰스 슈왑이었지요. 그는 내게 이런 말을 했었소.

"내가 카네기 씨에게 처음 승진을 요구했을 때 그분은 기분 좋은 듯 웃으면서 '만일 자네가 얻고자 하는 바를 반드시 획득하겠다는 굳은 결심만 있다면 그것을 막을 방법은 없지'라고 대답해 줬지요."

Golden Tip 10 ─────────

'포드의 비결'은 적극적 사고방식

인생의 가장 큰 영광은 결코 넘어지지 않는 데 있는 것이 아니라
넘어질 때마다 일어서는 데 있다.

— 넬슨 만델라(Nelson Mandela, 남아프리카공화국 대통령)

    미국 디트로이트시의 전등회사에서 일하는 젊은 기사가 있었다. 그는 날마다 퇴근하고 나면 집 뒤뜰에 있는 낡은 창고에서 말이 없어도 굴러갈 수 있는 수레를 만든다며 밤을 새웠다. 농부인 그의 아버지는 아들의 이런 행동을 미친 짓이라고 비웃었으며, 마을 사람들도 앞날이 창창한 젊은이가 망상에 빠져 허송세월한다고 탄식했다.

    이 젊은 기사가 후일에 포드자동차를 만든 헨리 포드이다. 그는 성공한 뒤에는 모든 사람에게 선망의 대상이 되었다. 사람들은 그가 운이 좋았기 때문이라든가, 유력한 친구가 있었기 때문이라든가, 재능이 있었기 때문이라든가 등 '포드의 비결'이라고 여겨지는 어떤 것이 있었기에 성공한 것이라고 생각했다.

사실 그런 요소들이 포드의 성공에 한몫 단단히 했다는 것은 의심할 여지가 없다. 그러나 그 이상의 무엇이 있었다. 포드가 한 일을 조금만 관찰해 보면 그 '비결'을 완전히 이해할 수 있을 것이다.

포드는 몇 해 전부터 현재 V8형이라고 알려진 자동차를 개발하려고 결심했다. 실린더 여덟 개를 하나의 블록으로 통합한 엔진을 만들려고 한 것이다. 그는 기사들에게 자기 생각을 말하고 그와 같은 엔진을 설계하도록 지시했다. 그렇지만 8기통의 엔진을 하나의 블록으로 통합하는 것은 누가 보더라도 불가능한 일이라는 것이 기술자들의 일치된 의견이었다. 그러나 '하면 된다'는 신념을 가진 그는 이렇게 말했다.

"무슨 일이 있더라도 그것을 만들어야겠어."

포드는 단호했지만 기사들의 대답 역시 같았다.

"그것은 기술적으로 불가능합니다."

포드도 지지 않고 다시 지시했다.

"당장 일에 착수하는 거야. 그리고 시간이 얼마나 걸리든 상관없으니 성공할 때까지 이 일을 계속해!"

기사들은 어쩔 수 없이 일에 착수했다. 포드의 스태프로 남아 있으려면 그 일을 하지 않을 수 없었던 것이다. 6개월이 지났지만 아무 일도 일어나지 않았다. 그들은 아직 성공하지 못한 것이다. 또다시 6개월이 지났지만 기사들은 여전히 성공을 거두지 못했다. 기사들은 하면 할수록, 해보면 해볼수록 더욱더 그 일이 불가능하다고 여겼다.

그렇게 1년이 다 지날 무렵에도 기사들은 그의 명령을 실행할 방법을 도저히 발견하지 못했고 더 이상은 어렵겠다고 포드에게 말했다. 그 말을 들은 포드는 이렇게 말했다.

"알았네! 그렇지만 그 일을 계속해 주게. 난 그게 필요하단 말일세. 그것은 틀림없이 내 것이 되고 말 걸세. 다시 시도해 주게."

그리고 어떤 일이 일어났을까?

포드는 신념과 단호함으로 자기가 원하는 결과를 얻었다. 주어진 결과만 보면 그 엔진은 조금도 불가능한 것이 아니었다. 당연히 포드 V8은 이 지상에서 가장 빛나는 자동차가 되었고, 포드와 그의 회사를 가장 가까운 경쟁자에게서 멀리 떼어놓을 수 있었다. 포드에게 뒤처진 경쟁자들이 포드를 따라가기까지는 여러 해가 걸렸다. 포드는 이때 PMA를 사용하고 있었던 것이다.

이 사례의 교훈은 분명하다. 포드가 했다면 다른 사람이라고 못할 이유는 없다. 누구나 이와 같은 힘을 사용할 수 있다. 만약 당신이 그것을 사용한다면 도무지 생길 것 같지 않았던 가능성을 실현하는 데 성공할 수 있다. 예컨대 당신은 무엇이 필요한지 그것만 안다면 손에 넣을 방법은 어떻게든 발견할 수 있다.

가령 현재 25세이고 65세에 은퇴한다면 그는 약 10만 시간을 활동하는 셈이다. 만약 당신이 주인공이라면 그 활동 시간 중 어느 정도가 PMA의 멋진 힘에 의하여 성취로 살려질 수 있을까? 그리고 어느 정도 활동 시간이 NMA의 일격을 받아 쓸모없는 것으로 되어버릴까?

이제 질문할 시간이다. 당신은 NMA가 아니라 PMA를 당신 인생에서 활동시킬 때 어떻게 하면 좋을 거라고 생각하는가? 분명하고 움직일 수 없는 사실이 있다. 성공한 사람들은 모두 본능적으로 이것을 사용했다는 것이다. V8 차를 개발했을 때를 보면 포드는 참으로 그런 사람들 가운데 하나였다고 할 수 있다.

《Positive Mental Attitude》

나폴레온 힐과의 대화(11)

만인을 위한
성공철학

인간은 유유상종의 법칙을 따른다. 어느 도시나 판자촌에 가보면 비슷한 사람들이 함께 살고 있는 것을 발견할 수 있다. 반대로 부촌에 가면 또 비슷한 사람끼리 연대해서 살고 있는 것을 쉽게 보게 된다. 성공한 사람은 언제나 성공한 사람을 곁에 두기를 원하기 마련인 반면 패배자는 비슷한 상황의 사람들과 어울리기 마련이다.

– 명확한 중점 목표

[Kim] 선생님은 여러 일을 하고 특히 백악관에서는 대통령 두 분을 모시며 근무한 것으로 아는데, 그때는 무슨 일을 하셨나요? 당시의 경험이 '성공의 법칙' 프로그램을 완성하는 데 어떤 영향을 주고받았습니까?

[Hill] 맞소. 백악관 생활은 프로그램 완성에 영향을 주었지만 거기에 성공의 법칙 원리를 적용하기도 했다오. 1914년

처음 백악관에 들어갈 때 나는 31세였소. 카네기가 소개해 준 507명 중 '우드로 윌슨 대통령'이 있었는데 그분 요청으로 홍보 담당 보좌관 자격으로 백악관에 들어간 것이오.

"힐군! 나는 자네를 오랫동안 지켜봤네. 자네 재능이라면 나라를 위해 틀림없이 좋은 일을 할 수 있을 거야. 잘 부탁하네."

"대통령 각하, 불러주셔서 영광입니다. 제가 할 수 있는 한 성심을 다해 보필하겠습니다."

카네기가 우드로 윌슨을 처음 소개했을 때 그분은 프린스턴 대학 학장이었소. 그때부터 우리는 친하게 교류를 계속해 왔지요. 어쨌든 백악관 생활에도 잡지기자 때의 경험, 카네기의 가르침 그리고 그때까지 정리한 성공의 법칙이 정말로 큰 도움이 되었다오.

당시 대통령 보좌관 일을 하면서 많은 사회 갈등을 정치로 풀어가는 일에서 보람을 느꼈고, 홍보라는 업무가 사회에 미치는 영향 등을 깊이 실감했소. 그 당시 가장 기억에 남는 일은 독일군이 제1차 세계대전의 휴전을 요청해 온 것이었소. 그때 내가 중심이 되어 대통령 명의로 보내는 답장 등을 검토하고 또 작성을 했다오.

첫 번째로 백악관에 들어온 지 7년이 넘는 동안 무척 힘도 들었지만 보람도 있었소. 그리고 한참 시간이 흐른 후 두 번째 백악관 근무는 1930년대 대공황 당시에 했는데 그 이야기는 뒤에서 다시 합시다.

백악관에서 근무하던 1919년 8월 나에게는 엄청난 일이 일어났소. 스코틀랜드에서 비극적인 소식이 전해졌는데 카네기가 타계했다는 것이었다오. 그가 85세로 비교적 장수했다지만 인생의 최대 기둥이 무너져 내린 나에게는 감당할 수 없는 엄청난 슬픔이 밀려왔소. 그분은 개인적으로 보면 큰 숙제를 주고 그것이 아직 결실을 보기 전에 유명을 달리한 것이오. 나는 그의 영전에 굳은 각오를 바쳤다오.

"카네기 선생님! 어떤 어려움이 있어도 당신과 한 약속은 반드시 마무리하겠습니다. 어떤 난관이 있어도 꼭 완성하여 인류에게 큰 선물을 남기겠습니다."

[Kim] '인생의 최대 기둥이 무너져 내렸다'는 표현에서 선생님의 슬픔 내지는 허탈감이 어떠했을지 조금이나마 이해됩니다. 그만큼 카네기는 선생님 인생에 큰 전환점을 제공했다는 뜻이 될 텐데, 옆에서 지켜본 인간 카네기는 어떤 분이었나요? 에피소드도 많았을 것 같은데요.

Hill 그렇소. 미국의 철강왕으로도 유명한 카네기는 19세기 미국 산업계를 대표한 재벌이지요.(그의 전성기 때 재산을 현재 가치로 환산하면 약 450조 원이라고 한다.) 사실 사업가로서 카네기에 대한 평판은 호불호가 나뉘지만 그는 평생 근검절약을 실천하며 검소하게 살아왔고, 거의 모든 재산을 사회에 환원하는 데 앞장서며 노블레스 오블리주를 몸소 실천했지요.

카네기가 자기 재산을 어려운 사람들에게 아낌없이 나눈 이유는 자신이 너무 가난해서 비참하게 살아야 했던 어린 시절을 잊지 않았기 때문이라고 말하곤 했다오.

그의 가족이 스코틀랜드에서 미국으로 처음 이주했을 때 너무 가난해서 온 가족이 고생을 많이 했지요. 수작업으로 테이블보를 만들었던 아버지는 산업혁명으로 결국 공장에서 일하는 노동자가 되어야 했고, 어머니 또한 하루에 열여섯 시간 이상 온갖 허드렛일을 했다고 했소.

어린 카네기 역시 낮에는 공장에서 일하고 밤에는 청소부로 일해야 가족이 먹고살 수 있었다고 하는데, 그가 고된 노동을 마치고 밤늦게 집으로 돌아오면 어머니는 늦은 시각인데도 아들의 내의를 빨아 밤새 난로에 말려야 했다고 하더군요. 내의가 한 벌밖에 없었기 때문이지요.

그렇게 고생하는 부모님을 보면서 자란 그는 특히 어머니를 편안하게 모실 때까지는 결혼하지 않겠다고 맹세했다는데, 그 맹세를 지켜 정말로 사업가로 성공한 후인 52세에 결혼하여 60세에 첫아들을 얻기도 했다오. 그는 어려웠던 자기 모습을 잊지 않고 힘들어하는 사람들을 보살필 줄 아는 따뜻한 마음을 가지고 있었소.

그 후 카네기는 카네기홀, 카네기 교육진흥재단을 비롯해 2,500여 개 도서관을 지었으며 각종 대학 등에 천문학적인 금액을 기부해서 학비가 없어 힘겨워하는 사람들을 위해 아낌없이 재산을 나누었지요. 그와 있었던 에피소드를 물었는데 카네기를 처음 만났을 때가 기억나는군요. 나는 그에게 단도직입적으로 물었다오.

"선생님! 선생님이 이룬 오늘날의 큰 성공이 어떻게 가능했는지 듣고 싶습니다."

거의 기습적인 질문이었지만 그는 대가답게 오히려 잠깐의 틈도 주지 않고 되묻더군요.

"젊은이! 내가 그 질문에 대답하기 전에 먼저 자네가 생각하는 성공의 의미를 정의해 주지 않겠나?"

순간이었지만 그때 나는 주목할 수밖에 없었소. 역시 카네기는 보통 사람이 아니었던 거지요. 질문에 답하기 전에 그 질문의 정확한 의미부터 파악하려는 예리함이 있었소. 그의 역질문에 당황해하는데 카네기는 그런 나를 지그시 바라보다가 말을 이어갔지요.

"자네가 말하고 또 듣고자 하는 성공이 내 재력과 연관된 것 같은데, 그렇지 않은가?"

나는 간신히 정신을 차려 '모든 사람이 돈을 성공의 지표로 삼지 않습 니까?'라고 대답할 수 있었지요. 그러자 카네기는 껄껄 웃더니 처음 들어보는 낱말을 사용하면서 자신의 성공 이야기를 해주더군요.

"내가 돈을 어떻게 벌었는지 묻는 것이라면 대답을 해주지! 우리 회사에는 20명 정도로 구성된 마스터 마인드(The Master Mind)가 있네. 이것은 20명 이상으로 구성된 나의 사업 팀에서 나왔는데 이들은 관리자, 경영진, 회계담당자, 화학자, 그리고 사업에 필요한 전문 요원들로 구성되어 있다네.

이들 중 어느 한 사람이 내가 말하는 마스터 마인드가 되는 것이 아니네. 협력의 정신으로 명확한 목표를 향해 단합되고 조직된 이 그룹의 총합체가 나에게 돈을 벌게 해주는 힘이지. 이 그룹에 있는 사람들은 서로 전혀 다르네. 그러나 그들

각자는 이 세상의 누구보다도 자신에게 맡겨진 일을 훌륭하게 처리한다네."

그때 나는 마스터 마인드라는 말을 처음 들었다오. 어쨌든 카네기는 말문을 열자마자 자신의 성공과 관련된 이야기를 장장 3시간에 걸쳐 들려주었소. 그가 말해주는 개인적 성공의 비결 혹은 다른 사람들의 성공비결 등은 받아 적기가 어려울 정도였다오. 그때 카네기가 설명하면서 덧붙인 내용이 내 운명을 바꾸었다고 할 수 있소.

"이렇게 누구에게나, 어디에서나 통용될 수 있는 성공의 원리가 명확하게 밝혀져 있는데도 사람들이 그것을 발견하기 위해 또다시 시행착오를 거쳐야 한다는 것은 낭비라고 보는데 자네 생각은 어떤가?"

그것은 그가 궁극적으로 나에게 하고 싶은 말이기도 했지만 그 말을 듣는 순간 나는 어떤 사명감 같은 것이 생겼다오. 더구나 그의 입에서 연속해서 튀어나온 말은 내가 평생에 걸쳐 '성공학'이라는 분야의 연구에 매달리게 하는 결정적이고 움직일 수 없는 멘트였다오.

"앞으로의 세상에는 개인적 성취를 위한 실용철학이 꼭 필요할 것이네. 이 실용철학은 쉽게 얘기하면 이런 것이지. 비록 가장 밑바닥의 노동자라 할지라도 그들이 바라는 부(富)를 이룰 수 있게 도와주는 것, 이것이 바로 성공철학이야. 이미 증명되었지만 흩어져 있는 이런 원리들을 취합하고 정리하는 일을 자네가 해주기를 바라는 것이라네."

Kim   정말 흥미진진하고 충분히 공감 가는 카네기와의 추억입니다. 그러나 카네기의 타계에 슬퍼하고만 있을 수는 없었을 것 같은데요. 더구나 그때는 공직에 있었잖습니까? 또 한편으로는 책 작업도 계속해야 했고요. 그런 일들을 조화롭게 해나가는 것도 만만치 않았겠는데요?

Hill   만만치 않다는 표현이 정확하게 맞군요. 백악관에서 홍보 일을 시작한 지 7년이 지난 1921년에 나는 38세가 되었소. 대통령을 보좌하는 바쁜 중에도 시간을 내어 카네기와 약속한《성공의 법칙》집필을 계속했지요.

그러나 카네기와 약속한 20년이라는 세월이 7년 정도 남았지만 집적된 방대한 자료를 정리하여 체계화하려면 이 일에만 전념할 수밖에 없다고 판단해 마침내 새로운 대통령선거가 시작되는 것을 계기로 백악관을 떠났다오. 사실 사표를 낸 그 자체로도 대담한 결단이었지요.

주위에서 '너 혼자도 아니고 가족이 있는데 제정신이냐'고 반대하는 목소리도 높았고요. 그렇지만 나는 카네기와 한 약속을 지키고 싶었고 다른 어떤 것보다도 이것이 중요하다는 오직 그 한마음뿐이었다오.

우선 내가 하고자 하는 일을 효율적으로 하기 위해 지금까지 모은 돈을 털어 출판사를 차렸소. 이곳에서 성공자 507명에게서 모은 자료를 기초로 하는 《황금률(The Golden Rule)》이라는 잡지를 정기적으로 간행했지요. 반응도 그런대로 괜찮았지만 만족할 만한 수준은 아니었소.

왜냐하면 카네기와 약속한 '만인을 위한 성공철학의 프로그램화'에서 중요한 포인트는 이 방대한 자료를 어떻게 취사선택해서 체계화할지에 달려 있었기 때문이오. 어떻든 나는 이 프로그램을 위해 독립했으니 매일 밤 필사적으로 공통점이나 법칙을 찾아내며 프로그램 완성을 서둘렀다오.

드디어 나는 '더 사이언스 오브 퍼스널 어치브먼트(The Science of personal achievement)'라는 최초의 성공 프로그램을 정리했소. 카네기와 약속한 대로 프로그램을 만들어냈지만 '간신히 되었구나'라고 안도할 새도 없이 이 프로그램을 출판하고 판매해 줄 스폰서를 찾아야 했다오. 나는 다음 날부터 출판사를 찾아다녔소. 잡지인 《황금률》처럼 자비로 출판하는 방법도 있었지만 이 프로그램은 좀 더 큰 스폰서를 붙여 대대적으로 판매하고 싶었다오.

마침내 오하이오주 칸튼시에 있는 신문사 '컨트리 데일리 뉴스'의 사장 돈 R. 메레트가 내 파트너 겸 매니저로 출판에 협력해 주기로 하였지요. 또 1판을 발행하는 데 필요한 자금은 세계 최대 기업인 US 스틸의 엘버트 H. 게리 회장이 제공해 주기로 하였다오.

그에 더해 게리 회장은 자기 회사 간부 등 모든 사원에게 프로그램을 1세트씩 구입하게 하겠다는 약속도 해주었지요. 그때만 해도 모든 것이 순탄하게 진행되어 내 앞날에는 성공만이 약속된 것 같았소.

"드디어 해냈다. 내가 카네기와 의기투합해서 진행한 이 프로그램은 모든 사람을 위한 대단한 작품이 될 것이다."

그 당시 내가 생각한 것은 아주 쉽고 단순하게 함으로써 일용직 근로자들에게도 이해되고 적용가능하도록 만들고 체계화하는 것으로, 그대로 하면 바로 성공에 이르는 청사진을 만든다는 것이었다오. 물론 이것은 카네기의 바람이기도 했소.

이 부분을 위한 나의 집필 원칙은 두 가지였다오.

첫째, 성공을 원하는 사람들에게 자신들의 약점을 찾아낼
수 있도록 돕는다.

둘째, 이 약점들을 건너갈 수 있게 분명한 계획을 만들 수
있도록 돕는다.

사실 우리가 사는 세상에서 가장 성공한 사람들을 찾아보
면 그들은 자기 약점을 스스로 교정했기에 성공에 이르게 되
었다는 것을 알 수 있다오. 그 교정된 자세를 유지한다면 삶
은 전체 측면에서 더 풍요로워질 것이 당연하지 않겠소. 결
국 이렇게 정리해 볼 수 있겠지요.

"힘이 없다면 인생에서 탁월한 성공을 거두지 못한다. 만일
조화의 정신으로 다른 사람들의 협력을 이끌어낼 개성을 지
니지 못했다면 그 힘을 제대로 만들 수도, 쓸 수도 없다."

목표설정은 불안정한 요소를 제거하는 것

영웅은 보통 사람보다 용기가 더 많은 것이 아니다.
다만 다른 사람보다 5분 정도 더 길게 용기를 지속할 수 있는 사람이다.
그 5분이 운명을 전환하는 힘이 된다.

— 랄프 왈도 에머슨(Ralph Waldo Emerson, 미국 시인)

　사람들은 대부분 다소 불안정한 태도로 각자 삶을 살아가며 이따금 자신이 원하는 결과를 왜 얻어낼 수 없는지에 의문을 품기도 한다. 더구나 성공한 사람들이 목표설정이야말로 성공의 핵심요소라고 말하지만 사람들은 대부분 이를 잘 따르지 않는다. 그래서 사람들은 필연적으로 성공자와 실패자로 구분되는 것이다.

　목표를 세우게 되면 살아가면서 실현하고 싶은 일들을 구상하고 구체화할 수 있다. 또한 어디쯤에서 행동을 취하고 무엇에 힘을 쏟을지 알게 된다. 즉, 목표에 따라 행동을 취하게 되고, 행동을 취함으로써 자기가 실현하고자 하는 일들이 실제 삶에서 모습을 드러내게 된다.

　사실 사람이 기대하고 바라는 것이 없는 상태에서 의욕을 가진다는 것은 무척 힘든 일이다. 인간은 목표를 좇는 존재이며 목적 없이 표류하지 않기 위해선 열심히 추구할 무엇인가가 필요한 존재이기 때문이다. 말하자면 사람에게는 반드시 목표가 필요하다. 어떤 일을 하든 목표부터 설정해야 한다.

목표를 설정하려면 우선순위를 정해야 한다. 우선순위를 정해두면 그 목표에 적절한 방향이 주어지며 더 구체적이고 상세히 생각하게 된다. 이것이 바로 목표설정의 커다란 이점들 중 하나이다.

이렇게 목표설정은 삶을 향상하는 데 장애가 될 불안정한 요소들을 제거할 수 있게 해준다. 또 현실을 올바로 직시하게 하며 희망사항이 아닌 확실성을 제공해 준다. 노력하고 힘써야 할 구체적인 것이 무엇인지가 자기 앞에 놓이는 것이다. 그렇게 되면 그것은 더 이상 꿈이 아니며 희망사항도 아니다. 오히려 그것은 인생에서 원하는 것과 성취하고자 하는 것이 확실해지는 것이다.

목표설정의 다른 이점은 결정을 더 확실하게 내리는 데 필요한 기준이 된다는 것이다. 목표설정은 무엇이 중요하고, 무엇이 중요하지 않은지 명확하게 해준다. 사실 우리는 살아가면서 순간적 충동에 따라 결정을 내리는 일이 너무나 흔하다. 집이나 차를 살 때도 먼 장래를 생각하기보다는 순간적 판단에 의지하곤 한다.

그러나 목표를 세워두면 삶이라는 여정에서 우리는 되돌아보는 행동보다는 내다보는 행동을 하게 된다. 그리고 마지막으로 반드시 짚고 넘어가야 할 중요한 사실이 있다. 인간은 자신이 열렬히 추구하는 대상, 즉 직업이나 임무 그리고 목표가 있을 때 가장 큰 의욕을 가진다는 것이다. 말하자면 열정이 고조되는 것이다.

이렇게 목표설정이 중요한 것을 알았다면 그것을 어디서, 어떻게 시작해야 할지 알아야 한다. 그것은 조용히 앉아 편안한 마음으로 자기 목표를 적어 보는 것에서 시작된다. 그리고 다음 두 단계를 진행한다.

첫째, 자기 삶에서 원하는 바를 적어라.

적어 나가는 과정에서 희망사항을 평가하려 들거나 정당화하려 하지 말고 그냥 적어 나가는 것이다. 자기가 정말로 성취하기를 원했던 것, 즉 목표들을 적어 내려가면서 구체적이고 분명하게 해두어야 한다. 목표들마다 원하는 정도에 차등이 있다면 그것들을 순서대로 적어 내려가되 '돈을 많이 벌고 싶다'는 바람이 있다면 그것도 명기해야 한다. 이때는 구체적이고 시한이 있어야 한다.

예를 들어, 10만 달러를 벌겠다는 목표를 세웠다면 시한, 즉 2021년 12월 31일까지 그 돈을 벌겠다는 종료일을 적어야 한다. 물론 이것은 예를 든 액수이지만 그 액수가 얼마이든 그대로 적는다. 이때 중요한 점은 그 목표를 달성할 수 있는지 또는 그럴 능력과 자질이 있는지 등은 생각할 필요가 없다는 점이다.

사람마다 생각이 다르고 중요하다고 생각하는 가치도 다르겠지만 일반적으로 일, 가족, 믿음 그리고 신체적 건강의 테두리 안에서 이루고 싶은 것을 적으면 된다. 이 네 가지가 바로 그 중요성을 인정하고 그것 속에서 자신을 발전시켜 나가야 할 부분들이기 때문이다.

이때 가급적이면 종이 한 장에 원하는 모든 것을 써본다. 그리고 아주 중요한 것은 그것들이 바로 자기의 목표임을 인식하는 것이다. 말하자면 다른 이들과 상의할 필요도 없고 단지 자기가 성취하고자 하는 것들을 순서대로 밟아 나간다는 것을 기억하면 된다.

여기까지 했다면 자신에게 축하를 보내도 된다. 왜냐하면 사람들 가운데 96%가 하지 못한 일을 해냈기 때문이다. 사람들은 대개 인생에 대해 심각하게 생각하지 않으며 살아지는 대로 삶을 살아간다. 더구나 자기 목표를 글로 적어 보는 사람은 거의 없다. 그러므로 목표를 설정했다는 것은 삶의 목표를 실제로 적어 본 4%에 속하는 셈이 된다.

둘째, 그렇게 적은 목표의 우선순위를 정하라.

목표를 다 적었으면 그중 몇몇은 아주 중요한 목표일 터이며 단기, 중기, 장기로 구분해야 할 목표도 있을 것이다. 그러므로 중요한 순서대로 목표들의 우선순위를 정하는 것이다. 이것을 실행하지 않는 많은 사람이 왜 자신이 바라는 성공이 찾아오지 않는지를 불평하지만 당신은 이 일을 해낸 것이다. 따라서 응당 자축해야 한다. 박수받고도 남을 일이기 때문이다.

이렇게 목표들의 우선순위를 정하였다면 분명 다음 네 가지 목록을 가지게 되었을 것이다. 즉, 자신의 일, 가족, 정신 그리고 건강에 대한 목록들이다. 하지만 이렇게 목록만 작성하는 것으로 모든 것이 확실해지는 것은 아니다. 목표를 달성할 계획이 있어야 한다.

예를 들어 자기가 속한 조직에서 한 단계 높은 위치에 오르기를 원한다고 하자. 거기에 도달하려면 무엇이 필요한가? 그리고 그 목적을 달성하기 위해 스스로 향상해야 할 점들은 무엇인가? 등에 대한 계획을 긍정적인 태도로 적어 나가야 한다. 즉, '나는 2022년 1월까지 어떠한 위치에 앉을 것이다'라는 식으로 쓰는 것이다.

여기서도 중요한 것은 목표에 도달하기 위한 정확한 성취 목표와 기한을 분명히 해두어야 한다는 점이다. 또 노력을 시작하는 날짜를 정하는 것도 중요하다. 이 정도 되고 나면 이제는 목표를 이뤄나가는 데 장애가 되는 것들을 하나둘 적어 볼 차례다. 이 부분은 특히 솔직해야 하며 절대 자신을 속이려 들어서는 안 된다. 이것이 왜 중요한지는 '지적된 문제는 이미 반쯤 해결된 것이다'라는 말로 대신한다.

《Think & Grow Rich》

나폴레온 힐과의 대화(12)

위기 속에서
기회를 잡다

모든 문제에는 이에 접근하는 수천·수만의 방법이 있을 수 있지만 최상의
방법은 하나밖에 없다. 바로 이 최상의 방법을 발견하면 문제는 쉽게 풀리
게 마련이다. 당신의 제품이 아무리 뛰어나도 대부분 이를 판매하는 방법이
잘못되어 성공을 거두지 못한다. 상상력을 이용하면 알맞은 방법을 발견할
수 있을 것이다.

                                                   – 상상력

[Kim] 가족도 부양해야 하고 생활인으로서 역할도 있을
텐데 자기 꿈이라고 하여 그 일에만 매달리는 것이 쉽지는
않았겠어요. 그런 어려운 여건에서 시간을 쪼개 완성한 프로
그램을 출판한 것은 축하받을 일이 분명하고요. 그렇지만 과
정이 힘들고 어려웠다고 하여 일이 다 끝난 것은 아닐 텐데
그다음은 순탄하게 잘 풀렸나요.

154

Hill 세상일이 그런 것처럼 불행하게도 순탄하지 않았다오. 우리 인생은 참으로 재미있고 다이내믹하다는 것이 증명되는 일이 일어났소. 큰 문제 없이 잘 풀려갈 것 같던 일이 물거품이 될 일이 생긴 것이지요. 말하자면 14~15년에 걸친 노력이 수포로 돌아갈 만한 사건이 발생했소.

당시 〈데일리 뉴스〉는 경찰과 유착하여 술을 밀매하던 갱들을 추적하는 기사를 대대적으로 썼는데, 이에 앙심을 품은 갱들이 사장 메레트를 살해하는 사건이 일어났다오. 거기에 그치지 않고 부패한 경찰과 갱들은 메레트 사장과 친하고 프로그램 출판 관계로 만남이 잦았던 나 역시 밀매를 들추어내는 동지로 생각해 목숨까지 노렸소.

"힐! 너도 메레트와 마찬가지로 우리의 밀매를 폭로하려는 놈이지! 목숨이 없다고 생각하라."

그런 위협에 '무슨 말을 하는 거야. 나는 밀매 같은 것은 몰라!'라고 말해도 그들은 믿지 않았소. 어느 날은 집에 왔는데 아내가 벌벌 떨고 있더군요.

"여보, 무서워요! 집 밖에 이상한 남자들이 서성이고 있어요!"

"빌어먹을 착각도 심하군!"

결국 우리 가족은 목숨을 지키기 위해 집을 팔고 도망 생활에 나설 수밖에 없었다오. 일생을 걸고 준비한 프로그램의 완성을 눈앞에 두고 모든 희망이 한순간에 악몽으로 변해 버린 것이오. 더구나 도망 생활 중 마지막으로 의지했던 US 스틸 게리 회장도 병으로 죽고 말았소. 나에게 힘을 보태주기로 했던 사람들이 전부 나를 떠난 것이오.

나는 거의 밑바닥으로 뚝 떨어져 버렸고 절망만 남았다오. 이렇게 해서 프로그램에 대한 내 모든 계획은 수포로 돌아가고 말았지요. 출판을 도와줄 사람들은 전부 죽었고 나는 출발점으로 돌아갔을 뿐 아니라 오히려 한참 후퇴했지요.

그 후 메레트 사장을 살해한 경관과 갱이 붙잡혀 종신형에 처해지면서 생명을 위협하는 악몽에서는 벗어났지만 그때까지 나는 자그마치 6년이나 도망자 생활을 할 수밖에 없었소. 생활은 만신창이가 되었지만 그런 역경 속에서도 결코 버리지 않은 생각이 있었는데, '이 좌절은 언젠가 더 큰 성공으로 이끌기 위한 씨앗이다!'라는 마음이었다오.

그 당시 내 상태는 실패 중에서도 최악이었지만 본래 실패란 반드시 그것으로 끝나는 것은 아니라오. 꼬리에 꼬리를 물고 이어지는 것이 우리의 삶이듯 사실 우리 인생은 행운과 불행의 수많은 짜 맞춤으로 되어 있잖소. 실패가 반드시 실패로 끝나는 것이 아니듯 사람이 꼭 죽으란 법은 없다오.

[Kim] 참으로 안타까운 일이었군요. 좌절할 수밖에 없는 상황에서도 용케 잘 극복하셨으니 우리가 책을 만난 것이겠지요? 그런데 '우리 인생은 행운과 불행의 수많은 짜 맞춤으로 되어 있다'는 것은 무슨 의미인지요?

Hill 음, 그 설명을 위해 내 어렸을 때 얘기를 해보겠소. 어렸을 때 25센트를 투자하여 복권을 산 일이 있지요. 행운이 있었던지 그 복권이 1등 상품인 말에 당첨되었고요. 당시 우리가 살던 시골 농가에서는 말의 가치가 대단했소.

더구나 내가 상으로 받은 말은 매우 훌륭해서 주변 사람들이 입을 모아 칭찬하였다오. 나 역시 자랑스러움으로 가슴이 부풀어 그 말을 끌고 집으로 돌아왔고. '이렇듯 운이 좋다니!' 하면서. 내가 '정말 운이 좋구나'라고 생각하였는데 '세상에는 꼭 좋은 일만 있는 것은 아니다'라는 일이 일어났소. 말하자면 행운으로 보였던 일이 '정말로 운이 좋았다고 할 수 있는가?'와는 다른 문제였다오.

무슨 일이 있었는고 하니, 나는 말을 마구간에 넣은 다음

보리라든가 옥수수, 볏짚 등 말이 먹을 수 있는 것을 듬뿍 갖다주었소. 그렇지만 말은 그날 밤 마구간을 부숴버리고 도망쳤다오. 배불리 먹으니 목이 말라 물을 찾아 강변까지 가서 물을 양에 차도록 마신 것이오.

말에 대해 아는 사람은 예상할 수 있겠지만, 말은 물을 지나치게 마시면 죽는 일이 있는데 그 말도 예외가 아니었소. 어제까지 말을 얻은 것은 큰 행운이었는데 어느 순간 그 말이 죽어버렸다오. 어쩔 수 없이 죽은 말을 강변에서 운반하여 매장하는 데 5달러가 들었소.

어처구니없는 행운이라고나 할까? 나는 '빌어먹을 행운은 무슨 행운!' 하고 생각할 수밖에 없었지요.

그렇지만 실패에도 뜻밖의 교훈이 있는 법인데 이 사건을 여러 해가 지나 돌이켜보면 역시 나에게는 행운이 된 사건이었소. 그 후 나는 어떠한 내기에도 돈을 걸 마음이 일어나지 않았기 때문이오.

이런 결과만 보면 처음에는 재수가 없었던 일이 나중에는 '참 재수가 좋았던 일'이라고 생각하게 되었지요. 나는 이 일로 행인가, 불행인가 하는 것은 결국 자기의 사고방식에 크게 좌우한다는 것을 교훈으로 얻었소.

사실 어떤 최악의 실패라 하더라도 거기에서 뭔가 얻을 수 있는 것이 분명히 있다오. 그것을 단순한 실패로 끝나게 하는가 혹은 다른 면에서 성공에 연결하는가는 본인의 마음 자세에 달려 있지요. 또 비록 그것에 성공과 연결할 접점이 없다 하더라도 전무한 경우는 거의 없고요.

앞에서 밀매에 연루된 사건으로 지지자들이 떠나가고 내 손에서 다시없는 절호의 찬스가 도망쳤을 뿐 아니라 나 자신도 생명의 위협을 느낀 사건을 얘기했소. 나는 그 일을 겪으면서 실패에서도 많은 이익을 얻었다고 생각하게 되었다오.

물론 그때는 이 이상 최악의 재난은 다시없을 거라고 생각했지만 그런 일들이 다음에는 좋은 일로 연결되기도 하여 결과적으로는 해피엔딩으로 끝날 수 있었지요.

열정이 성공에 미치는 영향

자신감은 전염된다.
자신감의 부족도 마찬가지다.

– 빈스 롬바르디(Vincent Thomas Lombardi, 미국 미식축구 선수 · 감독)

열정(熱情)은 어떤 일을 하고 싶도록 만드는 마음가짐을 말한다. 하지만 열정은 단지 그것만이 아니다. 먼저 얘기할 수 있는 것이 열정은 전염된다는 것이다. 주위에 열정이 넘치는 사람이 있다면 그와 만나는 모든 사람은 그에게 영향을 받는다. 그러므로 추종자들의 마음속에 열정을 일으키는 지도자야말로 가장 훌륭한 지도자이다.

사람과 열정의 관계는 증기기관차와 증기의 관계와 같다. 그렇기에 열정은 행동을 일으키는 원동력이라고 볼 수 있다. 또한 열정은 설득력의 가장 중요한 구성요소인데, 이는 공개적인 연설에서도 마찬가지다. 연설자가 열정을 가지지 않는다면 아무리 훌륭한 설교라도 쇠귀에 경 읽기밖에는 되지 않는다.

그뿐만이 아니다. 자신이 하는 일에 열정이 있다면 그 일은 힘들거나 지루하지 않을 것이다. 열정은 마음뿐 아니라 신체 구석구석에 에너지를 주기 때문이다. 그 결과 열정을 가진 사람은 평소보다 절반의 수면만 취하고 두세 배 일하더라도 피로함을 느끼지 않을 것이다.

열정이 성공에 미치는 영향을 설명하기 위해 내 이야기를 해보겠다. 나는 오랜 세월 밤에 글을 써왔다. 어느 날 타자기 앞에서 열정에 넘쳐 글을 쓰다가 연구실 너머 창밖을 바라보았다. 뉴욕의 메트로폴리탄 타워를 바라보는데 그 타워에 달빛이 매우 특이하게 반짝였다. 은회색으로 반짝이는 그 형상은 여태껏 본 적이 없는 기묘한 모습이었다.

나는 이상하게 생각해서 좀 더 자세히 들여다보았다. 그렇게 한참을 보내고 나서야 그것이 달빛이 아니라 이른 새벽의 햇빛이라는 것을 알았다. 그렇다, 햇빛이었다. 나는 밤을 새워 일했지만 일에 너무 몰두해서 시간 가는 줄 몰랐던 것이다. 겨우 한 시간 정도 지났으리라고 생각했을 뿐이었다.

그날 하루 종일 그리고 그날 밤까지 간단한 식사 시간 이외에는 조금도 쉬지 않고 일했다. 결국 나는 이틀 밤과 하루 낮 동안 잠을 자지 않고 음식도 아주 조금 먹으며 일했지만 전혀 피곤하지 않았다. 믿을 수 없는 경험이었지만 그것은 내 몸에 '열정'이라는 에너지를 가득 채우지 않았다면 불가능했을 것이다.

이렇게 열정은 자신을 재충전하고 역동적으로 살아가기 위한 원동력이 된다. 그러므로 열정은 단순한 말장난이 아니다. 열정은 모든 일을 할 때 도움이 되는 근원적 생명력이므로 열정이 없는 사람은 방전된 배터리와 다를 바 없다.

사실 처음부터 열정을 가지고 태어나는 축복받은 사람도 있지만 그렇지 않은 사람이 훨씬 많다. 그런 사람은 자신의 노력으로 열정을 찾아내야 한다. 말은 어려워 보여도 열정을 개발하는 방법은 어렵지 않다. 가장 좋아하는 일을 하는 것만으로도 열정의 개발은 시작된다.

만약 좋아하는 일에 매진할 형편이 되지 않는다면 당분간 현재 일에 충실하되 미래의 어느 시점에는 꼭 좋아하는 일을 하고야 말겠다는 '명확한 중점 목표'를 잠시도 잊지 않아야 한다. 물론 자본이 부족하거나 기타 불가피한 이유로 좋아하지 않는 일을 해야 하는 경우도 있다.

하지만 아무도 당신이 언젠가는 이렇게 살고 말겠다는 '인생의 명확한 목표'를 설정하는 것을 방해할 수 없고 방해하지도 않는다. 더 덧붙인다면 당신이 꿈을 현실로 바꾸기 위해 열심히 계획하고 노력하는 것을 그 누구도 멈추게 할 수는 없으며, 당신이 그 계획에 열정을 불태우는 것을 막을 수도 없다.

그렇다. 지금까지 설명만으로도 열정이란 생명력임을 알았을 것이다. 이 생명력을 충분히 개발하지 못한 사람은 성취를 위한 첫걸음조

차 제대로 내딛지 못할 것이다.

다음 얘기로 넘어가기 전에 한 가지 사실을 반복해서 강조하고자 한다. 그것은 지금 당신이 어떤 위치에 있든 관계없이 당신의 '명확한 중점 목표'를 생각하고 그에 대한 열정을 쌓아나가야 한다는 점이다.

당신은 지금 '인생의 명확한 목표'에서 아주 멀리 떨어진 곳에 있을 수도 있다. 하지만 당신 가슴속에 열정의 촛불을 켜두고 그 촛불을 오래오래 불태운다면 당신의 목표 앞에 있는 모든 장애물은 눈 녹듯이 사라져버릴 것이다. 그렇게 되면 당신은 상상하지 못했던 능력을 가지게 될 것이다.

인간이 노력하는 가장 최종적인 이유는 행복을 얻기 위해서이다. 그런데 행복은 미래의 성취를 꿈꿀 때만 유지될 수 있다. 행복은 과거에 있지 않고 언제나 미래에 있다. 행복한 사람은 아직은 얻지 못한 미래의 성취를 꿈꾸는 사람이다.

이렇게 역동적인 삶을 사는 원동력으로서 열정의 중요성은 아무리 강조해도 지나치지 않다. 결국 살고 싶은 집, 벌고 싶은 돈, 즐거운 여행, 인생의 어느 시점에서 사회적 위치, 그리고 이 모든 것을 위한 준비 등 모든 것이 사람의 행복을 만든다.

현재 자신이 처한 상황이 어떻든 방금 언급한 것들을 꿈꾸다 보면 자연히 열정을 가지게 되지 않겠는가? 성취를 원하는 모든 것은 다름 아닌 '인생의 명확한 목표'에서 시작되며, 열정이라는 마음의 긍정적 바이러스가 목표를 현실로 만들어준다.

사실 인생이라는 비즈니스에서 성공하기 위해서는 여러 가지 요소를 잘 결합해야 한다. 그러나 어떤 경우에도 열정의 정신으로 스스로를 일으켜 세우지 못한다면 아무리 좋은 계획이라도 소기의 결과를 달성하기란 불가능할 것이다.

《The Law of Success》

나폴레온 힐과의 대화(13)

잠재의식과의
대화

참지 못하는 분노는 '무식'의 다른 형태이다. 성공을 이루기 위해 꼭 극복해야 할 사항이 무식이며 그것은 또한 모든 분쟁의 씨앗이기도 하다. 지금까지 대부분 전쟁은 인내심이 없는 사람들 때문에 일어났다. 사업과 같은 직업의 세계에서도 인내하지 못하는 사람은 적을 만들어내기 일쑤이다.

– 인내력

Kim 선생님 얘기를 듣다 보면 드라마도 그런 드라마가 없습니다. 체험에서 우러난 '행인가, 불행인가 하는 것은 결국 자기의 사고방식이 크게 좌우한다'는 말씀이 마음에 와닿습니다. 과정이야 어쨌든 인생을 걸고 시작한 프로젝트가 막 결실을 이루기 직전에 좌절한 것은 큰 타격이었을 텐데 어떻게 다시 일어설 수 있었나요?

Hill　나에게는 불행이었지만 어차피 우리 인생에는 곡절이 많다오. 또 좌절할 수 있는 상황에서도 다시 도전하라는 의미에서 이런 말이 있지요. '사람들은 순탄한 1등보다도 힘에 부쳐 쓰러졌지만 일어나 다시 달리는 사람에게 더 많은 박수를 보낸다'는 얘기 말이오.

어쨌든 나는 도망자 생활이 대충 마무리되고 난 후 프로그램의 재구성에 착수하였소. 특히 프로그램 내용에 커다란 가치를 발견해 준 메레트 사장과 게리 회장과의 일을 다시 생각하고, 또 프로그램의 장래 발전성을 상상하면서 무기력에서 서서히 탈출해 나갔지요. 이때 아주 중요한 사실은 처음부터 다시 시작하기로 한 것이라오.

드디어 내가 45세 때인 1928년에 앞의 프로그램을 보완해 다시 새롭게 구성한 원고가 완성되었소. 나는 이 프로그램에 '성공의 법칙(The Law of Success)'이라는 이름을 붙였는데, 완성된 원고는 전체가 1,800페이지에 무게는 3킬로그램이나 되었소. 그런데 진짜 어려움은 '나름대로 원고는 완성하였는데 이것을 어떻게 세상에 내놓을 것인가?'였다오.

이런 근본적인 문제를 고민하는데 '어떻게 해서든 다시 일어서겠다. 어떤 일이 있어도 성공하겠다'는 의식이 다시금 확실히 고개를 쳐들면서 내 마음속에 자리한 또 하나의 내가 이렇게 속삭였다오.

"필라델피아의 출판사를 찾아라. 이 원고를 세상에 내놓을 열쇠는 거기에 있다!"

한편으로 '필라델피아는 잘 모르는 곳인데!'라고 하면 할수록 내면에서는 더욱 '나폴레온, 망설이지 마. 필라델피아로 가. 그곳에 해결책이 있을 거야!'라는 응답이 나오곤 했지요. 이 무렵에는 저축도 거의 바닥 나고 있었기에 필라델피아로 간다는 것은 커다란 모험이었소.

사실 필라델피아에 아는 출판사가 전혀 없었음에도 내 마음속 번뜩임의 목소리가 날이 갈수록 높아져 갔다오. 나는 그런 내면의 명령에 따라 단 50달러를 지닌 채 기차를 타고 필라델피아로 향했소. 우습기도 하겠지만 마음의 소리가 이끄는 대로 그곳으로 향한 것이오.

그곳에 도착한 나는 즉시 직업별 전화번호부를 조사했다오. 하루에 1달러나 2달러로 묵을 수 있는 싸구려 숙박시설을 찾기 위해서였지요. 왜냐하면 이곳에 올 때까지 이미 15달러를 써서 호주머니에는 이제 35달러밖에 남아 있지 않았기 때문이었소. 그때 나에게는 아주 흥미로운 일이 일어났지요.

전화번호부를 조사하고 있자 나의 내면에서 다시금 번뜩임의 소리가 속삭였다오. 이번에는 상당히 큰 소리로 꾸짖듯이 이렇게 말하는 것이었소.

"싸구려 숙박소를 찾는 일은 그만둬라. 그 대신 이 도시에서 제일 좋은 호텔로 가라. 그리고 그 호텔에서 최고의 스위트룸에 투숙해!"

재미있게도 나는 그런 내면의 명령을 따랐고 결과는 아주 좋게 나왔지요. 이것은 또한 자신을 믿는 것이 중요하다는 것을 증명한 사례이기도 하였지요.

[Kim] 잠깐만이요, 선생님! '내면의 소리를 들어라'는 결국 '잠재의식의 소리를 들어라'와 같은 얘기 아닙니까? 흔히 잠재의식은 인간이 모르는 방법으로 무한의 지성과 교신할 수 있고, 그 교신을 가지고 목표달성에 다가가는 가장 확실한 수단이라고 알고 있습니다. 지금 말씀은 그 잠재의식의 주문대로 움직였다는 건가요?

[Hill] 그렇소. 책에서도 누누이 설명했듯이 잠재의식을 잘 이용했을 때 소망 실현에 더 가까이 다가가는 거라고 볼

수 있소. 나는 당시 잠재의식의 도움을 받았던 것이라오.

조금 부연 설명을 해보면, 인간의 의식은 현재(顯在)의식과 잠재(潛在)의식 두 부분으로 이루어져 있소. 모든 정보는 인간의 5감(感)으로 캐치되어 현재의식으로 보내진 후 정리되고 분류되어 잠재의식 속에 보관되므로 사실 필요할 때 그것을 끄집어내는 것은 간단한 일이라오. 마치 서류 상자에서 서류를 끄집어내는 것과 같지요.

문제는 잠재의식이 어떠한 아이디어나 정보라도 무차별하게 받아들이는 성질을 간직하고 있다는 점이오. 따라서 잠재의식 자체가 선악을 구분하거나 시비를 판단할 수는 없지요. 다행스러운 일은, 사람은 자신이 원하는 정보만큼은 잠재의식에 집어넣기도 하고 끄집어낼 수도 있다는 것이오.

다시 말해 자발적으로 잠재의식을 활용하거나 소망 혹은 목표 등을 구체적으로 입력할 수 있지요. 더 자세한 것은《성공의 법칙》에 잘 설명해 놓았으니 그것을 참조하시오.

호텔 숙박을 위한 내면과의 대화로 돌아가 봅시다. 나는 '싸구려 호텔 말고 좋은 호텔로 가서 최고의 스위트룸에 투숙하라!'라는 소리에 전화번호부를 덮고 눈을 깜빡일 수밖에 없었소. 사실 주머니에는 이제 35달러밖에 남아 있지 않았으니 그럴 만도 했지요. 그러나 내부의 명령은 이미 내 마음을 꽉 붙잡고 있었고, 한편으로는 마음속에서 갈등도 있었다오.

"바보 같은 말이야. 여기 올 때까지 이미 15달러를 썼어. 최고의 호텔에 투숙하라고? 더구나 스위트룸에 묵게 되면 하루에 25달러 정도 들 텐데 주머니에는 35달러밖에 없잖아? 마음의 소리가 나를 파멸시키려는 것인가?"

그러나 나는 그 길로 가슴을 펴고 그 도시에서 제일 좋은 호텔로 향했소. 그리고 스위트룸을 잡았는데 당시 가격으로 1박에 25달러나 했지요. 사실 돈만 아니라면 참으로 멋있는 방이었다오. 숙박 카드에 서명하고 방에 들어왔을 때 나는 내면의 선택이 옳았다고 확신하였소.

"그래! 싸구려 숙박소에 투숙하면 너는 위축된다. 너에게 필요한 것은 자존심이다. 지금 너는 이 스위트룸에서 그것을 얻고 있다. 자, 이제는 적극적인 면만 생각하는 거야. 그것이 성공을 가져다줄 거야. 네 마음에 '이만큼 돈을 썼으니까 반드시 해내야지' 하는 적극성을 심어 넣는 게 더 중요해. 너는 반드시 성공한다. 네 프로그램은 반드시 성공할 수 있어."

마치 내면의 내가 '이제, 알았지? 싸구려 호텔에 투숙하면 너는 억압을 받게 돼. 그런 마음으로는 출판사와 교섭하는

데 매우 불리해'라고 소리치는 것 같았소. 마치 그런 내면의 소리가 멋있는 미래, 그리고 현재 안고 있는 문제의 해결책을 제시하는 것 같았다오.

그런데 말이오. 분명한 것은 그 내면의 충고에 따른 결과로 드디어 내 인생의 작품이 세상에 선을 보이게 되었다는 사실이 중요하지요. 말하자면 내 평생의 숙제이자 아주 오래전에 카네기와 약속한 성공 프로그램의 완성이라는 결실을 본 것이오. 즉《성공의 법칙(The Law of Success)》이 마침내 세상에 선을 보이게 되었지요. 잠재의식의 힘이었소.

Golden Tip 13 —————

성취를 위해 활용해야 하는 '부적'

혁신이란 새로운 제품과 서비스를 창조하는 것 그 이상이다.
그것은 기억에 남을 만한 경험을 제공하는 것이다.

　　　　　　　　　　　　　— 월트 디즈니(Walt Disney, 디즈니랜드 창업자)

　모든 사람이 큰 사업가가 되고 누구나 위대한 예술가가 되기 위해 스스로 선택한 값비싼 대가를 지불하려고 하지는 않는다. 인생의 풍요성은 대부분 사람마다 서로 다르기 때문이다.

　성공이란 애정으로 충만한 행복한 인생을 쌓아 올리는 일상생활의 기술이라고도 할 수 있다. 어떤 사람은 일상에서 행복을 찾을 수도 있고 또 어떤 사람은 부자가 될 수도 있다. 어느 것을 선택하느냐는 결국 자기 자신이 결정해야 할 일이다.

　그러나 당신에게 성공의 의미가 큰 부자가 되는 것을 뜻하든, 화학을 연구해 새로운 원소를 발견하는 데 있든, 혹은 불후의 명곡을 작곡하거나 장미를 재배하고 어린이를 양육하는 일을 뜻하든, 그 어느 것

172

이든 바깥쪽에는 PMA, 안쪽에는 NMA가 새겨진 눈에 띄지 않는 '부적' 이 당신의 성공을 도울 것이다. 이때 당신이 해야 할 일은 PMA를 발동하여 성취하기를 바라는 것을 자기 쪽으로 끌어당기고 NMA에서는 나쁜 것을 물리치는 것이다.

지금 설명하는 좋은 본보기로 크램 라바인 이야기를 들 수 있을 것 같다. 그는 날카롭고 크게 휘는 멋진 커브를 던질 수 있는 투수로, 야구계에서는 유명한 사람이었다.

그런데 소년 시절 라바인은 오른쪽 둘째손가락이 부러지는 큰 사고를 당한 적이 있다. 상처는 아물었지만 손가락이 제대로 이어지지 않아 첫째 관절과 둘째 관절 사이가 영원히 고리 모양으로 굽고 말았다.

그 사고 전까지 야구에 대해 크나큰 야망을 품었던 라바인은 몹시 낙담해 절망에 빠지고 말았다. 야구로 출세하겠다던 꿈은 이것으로 끝장났다고 생각했다. 실의에 빠져 있던 그에게 코치는 다음과 같이 격려하면서 용기를 북돋아 주었다.

"너 혹시라도 이젠 틀렸다는 생각을 하면 안 돼. 불행하게 보이는 것이 실은 행복하게 되는 경우도 많거든. 너에게 닥쳐올 불행을 네가 어떻게 생각하고 받아들이느냐에 따라 행·불행이 결정된다는 것을 믿어야 돼. 옛날부터 전해오는 말이 있잖아! 모든 역경은 더 큰 이익을 낳을 씨앗을 간직하고 있다고 말이야."

라바인은 코치의 충고를 가슴 깊이 새기고 야구를 계속했다. 이윽고 그는 마음대로 투구할 수 있는 튼튼한 팔이 아직 건재함을 발견하였으며 더구나 구부러진 손가락도 연습만 제대로 하면 훌륭하게 쓸 수 있다는 사실을 깨달았다. 손가락이 구부러진 덕에 공에 독특한 회전을 걸어 나선형 커브를 던질 수 있었다. 그것은 그의 팀에서 아무도 던질 수 없는 구질이었다.

그런 사실을 발견한 라바인은 용기를 냈고, 이 나선형 커브를 마스터하려고 피나는 노력을 기울인 결과 그는 자신이 활약하던 시절 가장 우수한 선수가 되었다.

여기서 한번 생각해 보자. 그는 어떻게 하여 그렇게 큰 성취를 할 수 있었을까? 자연적인 숙달에 따른 것도 명백한 사실이고, 피나는 노력에 의한 것임도 말할 나위가 없다. 그러나 그런 외형적인 것보다도 더 중요한 것은 '마음가짐의 변화'로 그 일을 이루었다는 사실이다.

라바인은 불행한 현실에서 행운을 찾아낼 수 있다는 사실을 터득했다. 그는 자기가 가지고 있는 눈에 보이지 않는 '부적'을 PMA 쪽으로 돌려 정확히 이용했다. PMA로 성공을 자기 쪽으로 끌어당겨 성취에 도움을 받았고 강력한 힘을 증명한 것이다.

이와 달리 행복과 성공을 가져다주는 대신 실패와 실망도 주는 NMA 역시 강한 힘을 가지고 있다. 결국 PMA든 NMA든 선택의 문제이고 이 선택은 오직 자신의 몫이다.

 이런 설명으로부터 알 수 있는 것은 어떤 경우이든 사람의 성취에 강한 영향력을 발휘하는 '부적'의 힘은 다른 요소들과 마찬가지로 제대로 이용했을 때 소기의 목적을 달성할 수 있다는 것이다. 물론 이용의 주체는 자기 자신이다.

《Positive Mental Attitude》

나폴레온 힐과의 대화(14)

대단한
베스트셀러

황금률의 핵심은 처지를 바꾸어 "다른 사람이 당신에게 해주기를 바라는 것과 똑같이 다른 사람에게 하라"는 것이다. '뿌린 대로 거둔다'는 말처럼 다른 사람을 대할 때 자기 선택에 따라 다른 사람들에게 이로움을 줄 수도 있고 해를 끼칠 수도 있다는 사실을 알면 공평하고 올바른 선택을 하려고 할 것이 분명하다.   – 황금률의 이행

Kim 선생님 얘기를 듣다 보면 심오하기도 합니다. 말씀 중 '내면의 나'라는 개념에 관심이 끌립니다. 이것은 《성공의 법칙》에서 누누이 강조하는 '잠재의식의 도움을 받아라'를 적용한 것이라고 설명하셨는데 실제로 원하는 성과도 있었나요? 다음 얘기가 무척 기다려지는군요.

Hill 내 말을 정확하게 이해했군요. 그렇소. 실제로 성

과도 컸다오. 내 이야기의 방점은 만용을 부리라는 것이 아니라 어떤 일을 할 때 내면의 자기, 즉 '잠재의식'의 활용은 매우 중요하다는 것이오. 어쨌든 나에 대한 내면의 이야기는 계속되었소.

"자! 힐, 해결책이 보이기 시작했지. 준비는 다 되었나? 지금은 너의 연구 성과를 잘 출판해 줄 재력을 지닌 사람을 찾되 그때까지 그를 의식 안에 불러들이는 거야. 자아, 그럼 사람들 이름을 생각해 내봐. 올바른 이름이 나오면 그 사람과 연락해서 네 희망을 전하는 거야!"

나는 그 얘기에 따라 조금도 망설이지 않고 책을 출판해 줄 것 같은 사람들 이름을 하나하나 머릿속에서 더듬기 시작했소. 3시간 정도 그렇게 하자 머릿속이 하얗게 되었는데 신기하게도 그때 어떤 사람 이름이 번쩍 떠올랐다오.

그가 바로 내가 찾던 사람이라는 걸 이내 알았지요. 그는 코네티컷주에 있는 메리든 회사의 '앨버트 루이스 페튼'이었다오. 페튼은《의지의 힘》이라는 책을 출판했는데 몇 년 전 그 책의 광고를 내가 펴낸 잡지《황금률》에 소개한 일이 있었소. 그렇게 어렵사리 그와의 인연을 생각해 낸 나는 즉시 페튼 사장에게 속달 편지를 보냈다오.

이틀 후 나를 만나기 위해 찾아온 페튼을 스위트룸으로 안내했을 때 그의 얼굴에 떠오른 표정을 지금도 잊지 못한다오. 그는 이렇게 말하는 것 같았소.

'이렇게 대단한 스위트룸에 투숙하는 작가라면 엉터리는 아닐 거야. 정말이야!'

이윽고 1,800페이지에 무게가 3킬로그램이나 되는 원고를 건네자 페튼은 그 자리에서 원고를 들춰보기 시작하였지요. 20분쯤 지났을까, 열중해 읽던 그는 감탄하는 소리를 지르며 원고를 테이블에 내려놓고 소리쳤소.

"정말 놀랍습니다! 카네기의 철학이나 에디슨, 포드 그밖에 세계적인 큰 성공자들의 성공법칙을 용케도 20년에 걸쳐 조사하셨군요. 수고하셨습니다. 사실 책이 팔리는 데는 반드시 이유가 있습니다. 이 책은 틀림없이 베스트셀러가 될 겁니다. 나는 이 프로그램을 세상에 내놓을 것입니다. 이것은 대단한 작품이 될 게 틀림없습니다. 그러면 나는 당신에게 규정대로 인세를 지불하겠습니다."

그는 즉시 보이에게 타자기를 가져오게 하더니 계약서 양식을 치기 시작하였지요. 그 도중에 그는 '인세 선불을 희망하십니까? 그렇다면 지금 곧 수표를 끊어드리겠습니다만' 하더군요. 나는 최대한 아무렇지도 않은 듯 대답했소.

"저는 아무래도 상관없습니다. 당신 형편대로 하십시오."

물론 외형적 대답과 달리 내심으로는 말할 것도 없이 선불을 희망하는 상황이었다오. 사실 선불을 못 받으면 호텔비도 결제하지 못할 주머니 형편이었지요. 그런 내 마음을 알았는지 페튼이 말하더군요.

"알겠습니다. 그러면 선불로 500달러를 드리겠습니다."

나는 즉시 수락하였고 출판은 순탄하게 진행되었소. 몇 개월 뒤 그동안 준비한 프로그램인 《더 사이언스 오브 퍼스널 어치브먼트》가 출판되어 호평 속에 판을 거듭했지요. 정말 폭발적인 반응이었다오.

[Kim] 축하드립니다. 그동안 마음고생이 컸을 텐데 온갖 우여곡절 끝에 결국 평생의 꿈을 이루셨군요. 선생님이 지나온 과정을 보면 의지나 열정이 있다고 해서 성공이라는 과실이 주어지는 것은 아닌 듯합니다. 흔히 말하는 '행운' 외에 선생님만의 요소가 있었을 것 같은데요?

[Hill] 그래요. 성공의 과실은 컸다오. 그 덕분에 경제적

인 문제도 풀려서 다른 일에 큰 신경을 쓰지 않고도 집필을 계속할 수 있었고 1928년 마침내 오래전 카네기와 약속한 《성공의 법칙》을 전 8권으로 완성할 수 있었소. 시점은 공교롭게도 처음 카네기와 만나 프로그램을 완성하겠다고 약속한 지 꼭 20년이 지난 뒤였다오.

처음 카네기가 20년쯤 걸릴 거라고 했을 때 속으로 웃었는데 결과가 그렇게 되고 보니 말이 씨가 된 셈이었소. 물론 이 책이 오랜 세월 전 세계적으로 계속 발간과 재발간을 거듭하며 수십, 수백만 독자를 탁월한 성공의 길로 이끌었으니 나로서는 자부심을 가질 만한 작품이지요.

우여곡절도 많았지만 어쨌든 세계적인 성공자들의 성공법칙을 프로그램화한 《성공의 법칙》은 대단한 베스트셀러가 되었소. 그 덕택에 나는 수개월 만에 큰 부자가 되었을 뿐만 아니라 각 기업의 컨설턴트나 그밖의 각종 사업에 대한 투자 등으로 내 재산이 더욱 불어 나갔지요.

매일매일이 신나는 나날이라고 할 정도로 사람과 돈이 나에게 모여들었고, 순간적으로 나는 대부호의 한 사람으로 취급되었지요. 뉴욕시 북쪽 캐슬 마운틴즈의 대저택에 살면서 롤스로이스를 두 대나 갖게 되었고, 저택에는 많은 고용인을 두었으며, 매일 호화스러운 생활을 맛보았다오.

그때 이런 일도 있었소. 집에서 파티를 하려고 100명에게 초대장을 보냈는데 그날 자그마치 3,000명이 모여드는 바람에 길이 완전히 막혀 큰 소동이 일어나기도 했다오. 대부호인 존 록펠러도 놀랄 정도로 사치를 실현한 것인데 이렇게 보면 《성공의 법칙》은 나를 완벽하게 대부호로 만든 셈이지요.

아까 질문 중 '행운' 말고 나만의 성공 요소가 있느냐고 물었지요? 좋은 질문입니다. 사실 많은 사람이 성공은 행운이라는 요인이 많이 좌우한다고 믿고 있지요. 물론 그렇게 믿게 하는 사례들이 없는 것은 아니지만 어떠한 요소도 인내심을 이길 수는 없지요. 나 역시 끈기 내지는 인내라는 덕목을 아주 중시한다오. 가령 세계적 불황인 대공황 때 이야기를 해볼까요. 내가 경험한 것들이라오.

미증유의 고난 시절이던 대공황 당시 코미디언인 W.C. 필즈는 완전히 몰락하여 무일푼 신세가 되었고, 더구나 그의 돈벌이 장소인 극장도 폐쇄되어 버렸지요. 그는 그때 이미 60세가 넘었지만 복귀하겠다는 소망이 대단히 강했다오. 그는 출연료는 받지 않아도 좋으니까 일만 하게 해달라며 영화의 세계로 뛰어들었소. 이 시점에 그는 60세 노인이었을 뿐만 아니라 목은 근육 통증으로 시달리던 상태였다오.

일반적으로 말하면 그는 이 단계에서 영화인으로서 인생을 포기하고 은퇴해야 했지만 그의 인내력은 대단히 강인하였소. 그리하여 그는 실제로 행운의 돌파구를 손에 잡을 수 있었고 화려하게 재기했소. 그의 재기는 결코 우연한 일이 아니라 인내심의 결과였던 거지요.

또 있소. 내가 잘 아는 친구인 에디칸트는 1929년 대공황을 맞아 주식이 대폭락하였을 때 전 재산을 잃었지만 용기와 인내력만은 잃지 않았다오. 비슷한 처지에 놓인 수많은 사람이 허드슨강에 몸을 던질 때도 말이에요. 그런 혼란 속에서도 그는 탁월한 통찰력으로 일주일에 1만 달러까지 벌 정도로 재기했소.

이들 사례를 보면 인내력만 잃지 않는다면 비록 그밖에 다른 재능이 조금 부족해도 반드시 재기할 수 있다고 할 수 있을 거요. 내 경우도 같다오. 나에게 주어진 행운을 실제 내 것으로 만드는 것은 결국 인내력이 뒷받침되었기 때문이오.

아마도 독자들이 이 책을 읽고 난 후에는 개인적인 관점에서 많은 이익을 얻고자 할 것이오. 바로 그러한 이유 때문에 모든 방법을 동원해 여러 가지 사례를 설명하려고 노력하는 중이오. 그중에서도 인내력은 정말 중요한 덕목이지요.

자! 그럼 정리해 볼까요! 누구에게라도 행운이 찾아올 수 있소. 그것이 외부의 요인이든, 자신이 만들어낸 행운이든 말이오. 그렇지만 한 가지 분명한 것은 인내력에 의해서만 그 행운은 자기 것이 된다는 것이지요. 또 그 출발선은 바로 목표를 명확히 하는 거라는 점을 꼭 기억하시오.

퀵퀵에스(QQS) 공식 활용에 의한 습관

당신이 배를 만들고 싶다면 사람들에게 목재를 가져오게 하고
일을 지시하고 일감을 나눠주는 짓은 하지 마라.
그 대신 그들에게 저 넓고 끝없는 바다에 대한 동경심을 키워줘라.
— 생텍쥐페리(Saint-Exupéry, 프랑스 작가·비행사)

많이 통용되고 익숙한 말 중 '중요한 것은 결과다'라는 것이 있다. 사실 자기계발에 관한 많은 실천 지침서 가운데 어떤 책이 좋은 책이냐는 오로지 한 가지 원칙으로만 평가할 수 있다. 바로 결과다. 그것은 결국 독자들에게 스스로 성공에 필요한 행동을 얼마나 어떻게 하도록 동기를 유발하느냐는 것으로 평가되어야 한다.

그런 기준에서 본다면 《성공의 법칙》은 지금까지 세상에 선보인 책들 중 가장 훌륭한 책의 반열에 든다. 이것은 자의적인 평가가 아니라 사람들의 평가가 그렇다는 뜻이다. 많은 독자가 이 책을 읽고 자기 삶이 더 나은 방향으로 두드러지게 바뀌는 결과를 직접 체험했다. 그들은 매일매일 일상적으로 부딪치는 문제들에 더 과단성 있는 태도를 갖

추게 되었으며 그리하여 자기 꿈을 실현할 수 있었다.

사실 자기 자신을 사회 속에서 돋보이게 하고 성공을 거두려면 어떻게 하는 것이 좋을까 하는 것은 다른 문제이지만, 책에서는 이런 것에 아이디어를 제공한다. 그렇다고 해도 경영자든, 비즈니스 퍼슨이든, 세일즈 퍼슨이든 그 재능을 살려 성공하는 비결에 대한 학습을 게을리한다면 그 앞날에는 잿빛 인생이 기다릴 뿐이다.

모든 사람은 자기를 잘 소개하는 '세일즈 퍼슨'이 되어야 한다. 또 자신의 장래가 어느 정도 빛나는 것이냐는 자기가 남에게 제공하는 서비스의 질과 양, 서비스 정신에 좌우된다. 그것이 바로 '퀵퀵에스(QQS)의 공식'이라고 불리는 개념이다.

이때 처음의 Q는 퀄리티(質), 두 번째의 Q는 퀀티티(量) 그리고 S는 서비스 정신을 말한다. 이 세 가지를 잘 짜 맞추면 자기 자신을 효과적으로 소개할 수 있다. 이 퀵퀵에스를 평상시 습관적으로 활용하면 반드시 훌륭한 성과를 낳을 것이다.

그러면 이 퀵퀵에스 공식의 의의를 완전하게 이해하기 위해 상세하고 구체적으로 분석해 보자.

1. 서비스의 질 – 퀄리티(Quality)의 Q

이것은 성의로 가득 찬 서비스를 말한다. 보기에는 자질구레한 서비스를 하는 것 같아도 진심으로 대한다면 상대는 그것을 느낄 테지만 아무리 외형이 화려해도 형식적이고 배려가 부족한 것이라면 상대는 그것을 쉽게 간파하고 말 것이다.

2. 서비스의 양 – 퀀티티(Quantity)의 Q

더 많은 서비스는 다른 말로 하면 '더 많은 서비스를 하려는 습관'이 가져다주는 결과이다. 여기에는 플러스알파의 마법이 활용된다. 그것은 서비스의 양이라는 경험과 실적을 쌓아가면서 자기 일의 양을 늘리려고 '자율적으로 생각'하는 가운데 그 생각이 습관이 되어 나타나는 것이다. 이때 역시 '습관'이 중요하다.

3. 서비스 정신 – 스피리트(Spirit)의 S

이것은 동료와 부하들이 당신의 사고방식에 동의하고 적극적으로 노력하려는 분위기가 되었을 때 찾아온다. 마치 멋진 심포니와 같은 조화가 자신들뿐만 아니라 상대(예를 들어 손님)와의 사이에도 생겨나듯이 말이다. 어려워 보이지만 이 또한 습관이 되어야 한다.

당연한 얘기지만 어떤 일을 할 때 질과 양이 충분해도 서비스 정신이 부족하면 완전하다고는 할 수 없다. 결국 수입 증대와 삶의 보람이란 이상에서 언급한 퀵퀵에스(QQS)가 최대한 발휘됨으로써 비로소 만족할 만한 것이 되는 것이다.

부연할 필요도 없이 사회 속에서 기분 좋게 살아가는 데는 남에게 호감을 주는 성격과 협조성이 있는 자세가 커다란 재산이 된다. 이 재산은 서비스의 질과 양의 불충분함을 보완하고도 남는다. 말하자면 좋은 성격을 대신할 만한 것은 없다. 그러므로 여기에서 말하는 서비스 정신이란 솔직하고 밝은 성격 자체라고 생각해도 무리는 아니다.

《Think & Grow Rich》

나폴레온 힐과의 대화(15)

노변정담
(爐邊情談)

크게 성공한 사람들도 대부분 성공하기 전에 그들이 가지고 있는 성격상 결점을 고쳐야만 했다. 사람들을 성공과 실패의 갈림길에 놓게 하는 가장 대표적인 약점을 나열해 보면 끈기 부족, 탐욕, 욕심, 질투, 의혹, 복수, 이기주의, 자만, 남의 공을 가로채려는 성향, 수입에 비해 과다한 소비 습관 등을 들 수 있다.

— 마스터 마인드

Kim 여러 번 축하를 드려도 넘치지 않을 것 같습니다. 결국 선생님 자체가 성공의 법칙을 조사하고 정리하면서 터득한 내용들로 엄청난 부자가 되었다는 얘기인데 그 뒤는 어땠습니까? 계속 부호로 멋진 삶을 즐기셨나요? 아니면 새로운 작업을 시작하셨나요?

Hill 하하하, 질문이 멋지군요. 책의 대성공으로 매일매일 정말 꿈과 같은 일이 계속되었다오. 나는 지금까지 크게 성공하면 해보려고 했던 모든 꿈을 실현한 것이지만 그처럼 꿈같은 날도 그리 오래 계속되지는 못했소.

신나는 날들이 계속되다가 마침 백악관의 부름을 받았소. 프랭클린 루스벨트 대통령의 보좌관으로 임명된 것이지요. 나름대로 열심히 국가에 봉사한다는 생각으로 백악관에 들어가 일을 하던 중 1929년에 누구도 예측하지 못했던 대공황이 미국에 엄습했소. 준비도 없었고 예측도 하지 못한 채 닥친 대재앙의 후유증은 엄청났다오.

주가는 크게 폭락하고 경제는 혼란에 빠져 사람들이 미쳐 날뛰었소. 당연히 그동안 쌓았던 내 재산도 경제 파탄으로 거의 모습을 감추어 버렸다오. 빈털터리가 되면서 나의 짧았던 재벌 놀음은 신기루처럼 날아가 버렸소.

그뿐 아니라 파산의 충격 속에 내 친구들은 계속 자살하였다오. 한 사람은 총으로, 또 한 사람은 빌딩에서 뛰어내려 삶을 마감했고, 다른 한 사람은 행방불명된 지 6주 뒤 허드슨강에서 시체로 발견되었소.

"바보 자식들 같으니라고. 자네들 부채는 나에 비하면 얼마 되지 않잖아. 죽긴 왜 죽어. 재기를 노려야지!"

싸늘히 죽어버린 그들을 붙들고 울부짖기도 했소. 나는 사실 친구들과 비교할 수 없을 정도로 어려웠지만 그들처럼 죽을 생각은 결코 없었다오. 반드시 이 역경을 이겨내겠다고 스스로 다짐하곤 했지요.

"좋았어. 아무리 어려워도 다시 할 거야! 꼭 재기할 거야. 처음부터 다시 시작이야!"

그동안 성공의 법칙을 공부하면서 알게 된 것은 어떤 역경이든 그와 동등하거나 그 이상의 이익이 되는 씨앗이 들어 있다는 거였소. 물론 그때까지는 이론적인 것이었지만 나에게 닥친 상황이 나에게 실제로 행할 것을 명령하고 있었다오. 결국 나는 집을 헐값에 팔고 모든 것을 처분한 뒤 캐슬 마운틴즈를 떠나기로 결정했지요.

그러면서도 한편으로는 그 괴로운 체험이 나에게 정말로 잘되었다고 위안하기도 했소. 왜냐하면 그때까지는 내가 가졌던 부(富)를 남의 이목을 끌려는 장식으로 사용했다는 것을 깨달았기 때문이오. 말하자면 재산에만 마음이 사로잡혀 진짜 마음의 풍요로움을 잊었던 거지요.

대공황이라는 미증유의 어려움을 겪으며 비로소 더욱더 중요한 것이 있다는 걸 피부로 느꼈소. 가난했을 때 나는 그저 돈만 있으면 행복해질 거라고 생각했는데 그것이 허상이었다는 사실을 알게 된 거요.

그러면서 어렴풋이 왜 카네기가 전 재산을 사회복지나 문화, 예술, 교육을 위해 써버렸는지 알게 되었다오. 그는 결코 돈으로 자신의 정신을 타락시키지 않았던 거지요. 그는 돈의 참다운 용도를 알았던 것이라오.

그동안 내 인생의 기둥이랄 수 있는 카네기는 당대의 저명인사들을 소개해 주었고, 특정한 주제에 대한 내 인터뷰 요청에 적극적으로 임했소. 그러나 나는 천당과 지옥을 모두 경험하고 나서야 비로소 카네기가 가진 확고한 신념을 이해하게 되었다오. 말하자면 본질을 알게 된 것이오.

Kim 참으로 파란이 많았군요. 그런 체험이 책에 녹아들었으니 사람들에게 큰 영감을 준 것 같습니다. 후대의 많은 성공철학자의 책을 읽다보면 '나의 세계관과 철학에 가장 깊은 영향을 준 책 중에서도 으뜸은 나폴레온 힐의 책들이다'라는 글을 만나곤 합니다. 최고의 명저라는 평가를 받는 것은 결국 사람들이 꼭 배워야 할 중요한 주제와 철학을 본질적으로 다루기 때문 아닐까요?

Hill　좋게 평가해 주는 것은 참 고마운 일이오. 그런데 자기계발과 성공철학 분야에서는 그것을 받아들이는 사람이 제대로 안 한다면 어느 누구의 가르침도 완벽한 것은 없을 거요. 그래서 세상에서 가장 훌륭한 성공비결은 바로 '성공에는 비결이 없다'는 역설적인 것일 테고.

사실 책이 발간된 이후 수천만 독자들이 발견했던 원리가 바로 이 부분일 것이오. 성공의 비결이란 널리 알려질 수 없는 혹은 쉽게 접근할 수 없는 비밀 같은 것이 아니라오. 더구나 쉽게 이해할 수 없거나 특별히 어려운 공식 같은 것은 더더욱 아니고요. 성공의 비결이란 근본적으로 내가 책에서 제시하는 것처럼 아주 쉽고 명확하다오.

하고 싶은 얘기는 이것이오. 내 책을 읽고 그 제안을 받아들여 큰 성취를 이룩한 사람이 아주 많다는 것이오. 그 말은 결국 내 책을 읽는 사람들에게는 대단히 멋진 일이 일어나게 될 거라고 약속할 수 있다는 뜻과 같소. 내 책을 읽고 책에서 제시하는 대로 잘 행하기만 한다면 말이오.

다시 앞의 얘기로 돌아가 봅시다. 대공황은 미국에 큰 상처를 남겼다오. 1932년에 미국은 약 1,500만 명(당시 미국 인구의 20% 이상)이 실직 상태였소. 이렇게 사회가 큰 혼란에 빠졌던 당시에 나는 개인적 파산과 관계없이 루스벨트 대통령 보좌관으로 근무했지요. 모두가 어려운 시절이었으므로 대통령은 직접 국민에게 호소하려고 '노변정담(爐邊情談)'이라는 라디오 프로를 편성시켰소.

노변정담(Fireside chats)은 저녁 시간에 미국 국민을 대상으로 라디오 연설을 한 것을 말하는데 1933년 시작해 몇 년간 계속되었다오. 이때 대통령은 경제 위기를 국민과 직접 소통하면서 타개하기 위해 뉴딜정책과 여러 금융조치, 제2차 세계대전 상황 등 다양한 주제를 노변정담을 통해 국민에게 친근한 화법으로 설명했소.

대통령은 국민을 부를 때 '내 친구들(My friends)'이라 칭했고 많은 사람이 이 담화를 통해 어려운 상황에서도 자신감을 갖게 되었지요. 'Fireside chats'는 라디오 방송 전에 대통령과 참모들이 벽난로 앞에 모여 연습했기 때문에 붙은 말이라오.

당시 나는 홍보비서관으로 일했으므로 대통령은 노변정담 원고를 내게 쓰게 하였다오. 그 일을 하는 동안 나는 대통령과 함께 국민이 경제적·정신적으로 다시 일어설 수 있도록 노력하였고 그 원고 작성에 온 힘을 다했소.

당시 내가 대통령을 위해 쓴 문장 중에서도 '우리가 가장 두려워해야 할 것은 바로 두려움 그 자체다'라는 표현은 국민의 마음에 강한 동기부여를 불러일으켰다고 자부하오. 사회경제적으로 혼란에 빠진 국민에게 믿음을 주고 희망을 제시한 것이니 말이오. 그 표현은 나중에 각종 책이나 스피치에까지 인용되곤 했다오. 기분 좋은 일이지요.

대공황으로 모든 재산을 잃었지만 나에게는 다행스럽게도 카네기와 성공한 사람 507명에게서 이어받은 성공철학이 있었소. 당시에 백악관에서 대통령을 보좌하여 경제부흥에 주력하는 한편 프로그램인 '성공의 법칙'을 세계에 보급하려고 보급판 책의 집필에 착수하였다오.

"그래, 나에게는 무일푼으로 시작해도 막대한 재산을 이룩할 법칙이 있다! 지금이야말로 그 노하우를 사람들에게 널리 알릴 필요가 있다!"

나는 여러 어려움 속에서도 필사적으로 책을 써나갔소. 그리하여 드디어 누구나 쉽게 읽을 수 있는 성공에 관한 책을 출판하기에 이르렀소. 1937년에 출판한《사고는 현실화한다 (Think & Grow Rich)》가 바로 그것이오. 나의 열의가 사람들에게 전달되었는지 이 책 역시 공전의 베스트셀러를 기록했으며 롱셀러가 되기도 했지요. 책이 발표되자마자 즉시 베스트셀러가 된다는 것은 기분 좋은 일이 분명하지 않겠소.

책이 발간된 이래 주문이 그치지 않았으며 수백만 독자가 이 책을 읽고 다시 다른 사람들에게 추천해 주었다오. 결국 전 세계적으로 3,000만 부 이상 팔린 것으로 알고 있는데 이 책 역시 카네기의 기본철학을 바탕으로 썼다오. 구체적으로 는《성공의 법칙》을 기본 텍스트로 한 보급판이었소.

그 무렵에는 미국 경제도 호전되어 사람들 마음도 점차 평온을 되찾아갈 때였다오. 나는 내 역할이 어느 정도 되었다고 보고 백악관을 떠나 성공법칙의 강연이나 기업의 컨설턴트, 라디오 방송 등으로 '성공철학'을 알리는 일에 힘을 기울이게 되었다오. 말하자면 이때 비로소 내가 있어야 할 내 자리로 돌아온 셈이지요.

Golden Tip 15 ────────────────────────

당신을 성공자로 이끌 군사 15명

평균적인 사람은 자기 일에 자신이 가진 에너지와 능력의 25%를 투여한다. 세상은 능력의 50%를 쏟아붓는 사람들에게 경의를 표하고, 100%를 투여하는 극히 드문 사람들에게 머리를 조아린다.

– 앤드류 카네기(Andrew Carnegie, 철강왕)

　　당신이 정상적인 보통 사람이라면 틀림없이 물질적인 성공을 원할 것이다. 성공과 힘은 언제나 같이 있다. 만약 당신에게 힘이 없다면 성공했다고 확언할 수 없을 것이다. 힘을 갖추기 위해서는 군사 15명의 도움을 받아야 한다. 그들은 다음과 같다.

　　명확한 중점 목표, 자기 확신, 저축하는 습관, 솔선수범과 리더십, 상상력, 열정, 자제력, 보수보다 많은 일을 하는 습관, 유쾌한 성품, 정확한 사고, 집중력, 협력, 실패에서 얻는 교훈, 인내, 황금률의 이행

진정한 힘은 조직화된 노력에서 나온다. 그러므로 앞에서 열거한 군대를 갖추지 못했다면 당신이 진정으로 힘이 있다고 말할 수 없다. 반면 이 15가지 힘을 모두 마스터하면 당신은 인생에서 원하는 것을 모두 얻을 수 있다. 이 요소들을 완전히 당신 것으로 만들어라. 그 어떤 것도 당신의 계획을 방해하지 못하게 하라.

이 요소들 중 가장 중요한 것이 '명확한 중점 목표'이다. 명확한 목표 없이는 이 군사는 무용지물이다. 가능한 한 빨리 목표를 정하라. 목표를 정할 때까지 당신은 불어오는 바람을 따라 움직이는 방랑자일 뿐이다. 수많은 사람이 자신이 진정 무얼 원하는지 모르며 인생을 산다.

물론 모든 사람은 목표를 가지고 있다. 하지만 그중 2% 정도만이 명확한 중점 목표를 가지고 있다는 것이다. 당신의 목표가 명확한지 아닌지 판단하기에 앞서 사전에서 '명확한'이라는 단어의 의미를 먼저 확인해 보라. 그리고 기억하라.

"자신이 무엇을 원하는지 정확하게 알며 그것을 얻기 위해 노력하는 사람에게 불가능이란 없다."

목표가 명확했던 콜럼버스는 목표를 현실로 만들었다. 링컨의 명확한 목표는 남부의 흑인노예를 해방하는 일이었다. 그리고 이 목표를 현실로 만들었다. 루스벨트의 중요한 목표는 임기 동안 파나마운하를 건설하는 일이었다. 그는 그 목표를 현실로 만들었다. 헨리 포드의 목표는 지구상에서 가장 경제적인 가격의 자동차를 만드는 일이었다. 그 목표는 그를 지구상에서 가장 영향력 있는 인물로 만들었다.

버뱅크의 명확한 목표는 식물의 생활사를 진보시켰다. 그는 자신의 목표에 따라 이미 전 세계 사람들을 먹일 만큼 농작물을 만들어냈다. 20여 년 전 에드윈 번즈는 명확한 목표를 세웠다. 에디슨과 파트너가 되어 일하는 게 목표였다. 하지만 그 당시에는 에디슨의 파트너가 되기에 그의 자격이 많이 부족한 듯싶었다. 그는 불리한 조건에도 기어이 에디슨의 파트너가 되었다. 그는 은퇴했지만 에디슨과 동업하면서 평생을 쓰고도 남을 돈을 모았다.

"명확한 목표를 설정한 사람에게는 불가능이란 없다."

기회, 자본, 다른 사람의 협력 등은 성공을 위해 자신이 무엇을 원하는지 아는 사람에게 자연히 끌리게 된다. 그러므로 명확한 중점 목표와 함께 당신 마음에 활력을 불어넣어라. 그러면 당신의 성공에 걸맞은 요소들이 당신에게 다가올 것이다.

이 글을 더 읽기 전에 앞에서 얘기한 15가지 요소를 담은 군대를 다시 한번 상기해 보라. 이 부분에서 꼭 기억해야 할 것은 그 요소들을 개별적으로만 보면 성공하기에 충분한 힘을 얻지 못할 거라는 점이다. 그 요소들 중 한 가지라도 빼면 전체 군사의 힘은 약해질 것이다.

영향력 있는 사람이란 이 15가지 요소를 모두 마음에 담고 발전시키는 사람을 가리킨다. 당신이 힘을 갖고자 한다면 먼저 명확한 중점 목표를 지녀야 하고, 목표가 설정되었다면 자기 자신을 믿는 자기확신을 해야 한다. 또 솔선수범하는 리더십과 함께 명확한 중점 목표를 현실로 만들기 위해선 상상력도 필요하다.

거기에 열정을 더해야 하며 자신을 컨트롤하는 자제력을 갖춰야 한다. 또 보수보다 많은 일을 하는 습관을 길러야 하고 유쾌한 성품을 지니도록 해야 하며 저축하는 습관도 길러야 한다.

정확한 사고의 기본은 반드시 정확한 사실에 기반을 두어야 하며, 흘려듣는 말이나 단순한 정보만 가지고는 안 된다. 한 번에 한 가지씩 일할 수 있는 집중력을 길러야 하고 계획을 능률적으로 이행하기 위해 협력하는 습관도 길러야 한다.

또한 자신이나 남의 실패에서 교훈도 얻을 줄 알아야 하며 인내도 길러야 한다. 마지막으로 (그렇다고 의미가 작다는 뜻은 아니다) 다른 사람에게 영향을 주는 모든 행동의 기반으로서 황금률도 이행해야 한다.

그리고 정말 중요한 당부는 매일매일 잠자리에서 일어나 잘 볼 수 있는 장소에 이 15가지를 붙여놓고 이 군사를 불러내 검토해 보고 공부하라는 것이다. 각각의 요지가 당신 마음속에 분명히 와닿게 하면 당신은 조만간 원하는 것을 얻을 것이다.

《The Law of Success》

나폴레온 힐과의 대화(16)

리더의
공감 리더십

큰 승리는 오직 노력하는 자만 이룰 수 있다. 이때 당신이 받은 대가보다 더 많은 일을 하게 되면 '세상은 당신이 일한 것보다 더 많은 것을 당신에게 주고 싶어 한다'는 말이 증명될 것이다. 결국 보수보다 더 일하는 습관을 지닌 채 그 같은 태도로 일한다면 당신에게 돌아오는 결과는 이자에 이자를 덧붙여 상상도 못할 정도의 규모가 될 것이다.   — 부(富)의 습관

Kim   이전까지 아메리칸드림의 전성기는 1929년 대공황으로 산산조각 났고, 미국 사람들이 절망에 빠져 있을 때 등장한 인물이 루스벨트 대통령이었죠. 대공황에서 벗어나게 이끈 리더십 중에서도 특히 노변정담의 역할이 컸다고 평가받고 있습니다. 옆에서 지켜본 대통령은 어떤 분이었나요?

Hill   미국인이 역대 대통령 가운데 가장 존경하는 인물

중 세 번째로 꼽는 사람이 프랭클린 루스벨트(F.D. Roosevelt) 대통령이지요. 1위는 '국부(國父)'로 추앙받는 초대 대통령 조지 워싱턴(G. Washington), 2위는 흑인노예 제도를 폐지한 에이브러햄 링컨(A. Lincoln)이고요.

루스벨트 대통령이 두 거인과 함께 '빅3' 반열에 오른 데는 이유가 있다오. 미국은 물론 전 세계를 통틀어 최고의 공감능력을 발휘한 지도자로 평가받는 덕분인데, 그의 솔직하고 진솔한 리더십이 결국 대공황의 수렁에서 미국을 구해냈다고 할 수 있지요.

그의 '공감 리더십'은 미국 전역을 덮친 경제대공황의 거대한 혼란과 불안, 불신의 소용돌이 속에서 탄생했다오. 1933년 3월 5일, 루스벨트는 대통령에 취임한 첫날 첫 업무로 전국의 모든 은행에 나흘간 휴업명령을 발동했소.

그것은 당시 '곧 경제가 거덜 날 것'이라는 공포가 급속하게 확산되면서 전국 곳곳에서 발생한 '뱅크런(bank run: 사람들이 한꺼번에 은행에 몰려들어 예금을 인출하는 현상)'을 수습하기 위한 비상조치였지요. 이 조치로 은행들의 대규모 파산 위기는 한 고비 넘겼지만 급한 불을 끈 정도였고, 국민들이 마음속에 똬리를 튼 대공황에 대한 공포와 경제 상황에 대한 불신을 없앨 근본 처방이 필요했다오.

루스벨트가 선택한 건 라디오 담화였소. 앞에서도 얘기했지만 나는 당시 루스벨트 대통령의 부름을 받아 백악관에 들어가 그가 주도하는 유명한 '노변정담' 프로그램을 지원하고 연설문을 작성하는 비서관으로서 전 미국인의 내면에 잠들어 있는 믿음과 활력을 되찾도록 하는 일을 했다오.

노변정담은 말 그대로 '난로 옆에서 루스벨트가 직접 나에게 말한다'는 뜻인데, 그 말처럼 대통령은 수시로 국민들에게 정책을 설명함으로써 희망을 주었고 국가와 국민이 함께한다는 것을 주지했지요.

앞에서도 얘기한 것처럼 은행의 파산을 막기 위해 노변정담을 통해 '지금 당장 은행으로 가서 예금한다면 국가도 좋고 국민 여러분 가계에도 도움이 됩니다. 그리고 무엇보다 은행은 돈을 집에 보관하는 것보다 안전합니다'라고 연설하자 은행 예금액이 증대되기도 했다오.

지금도 기억하는데, 전국에 생중계된 저녁 방송에서 은행이 돌아가는 원리를 차분하게 설명하고는 '대통령을 믿고 은행에 돈을 맡겨달라'고 호소했는데, 마치 거실에 둘러앉은 가족에게 아버지가 도란도란 얘기를 들려주는 듯 친근한 전달

방식이 큰 인기를 모았다오. 방송 후 기적 같은 일이 일어났는데 은행 거래를 재개하는 시민이 늘어나면서 3월 말에는 전국 은행의 75%가 영업을 재개하게 되었지요.

루스벨트 대통령은 그 자신이 부자에다 귀족(말하자면 금수저)이었지만 내 기억에는 단 한 번도 부자를 위한 정책을 펴지 않았고 오직 서민과 장애아, 노인, 노동자를 위한 대통령임을 잊지 않았소. 그렇기에 그는 국민에게 부자를 증오하라고 선동하거나 반대 세력을 타도하자고 연설하지도 않았다오. 다만 희망과 미래를 얘기하고 용기와 배려 그리고 모두가 같이 해야 함을 강조했지요.

대통령에 취임해서 대공황에 맞서 싸울 때 그가 한 말 중에서도 '우리가 가장 두려워해야 할 것은 바로 두려움 그 자체다'라는 것은 엄청 유명해졌는데, 사실 내 작품이기도 하다오. 내가 쓴 본문은 이랬지요.

"우선, 제가 굳게 믿는 점을 하나 강조하면 우리가 두려워해야 할 유일한 것은 두려움 그 자체라는 것입니다. 막연하고, 이유도 없고, 정당하지도 않은 두려움이야말로 후퇴를 전진으로 전환하기 위해 필요한 노력을 마비시킵니다."

이런 사례로도 알 수 있듯이 대통령은 미국 국민에게 절망을 희망으로, 두려움을 용기로 변화시켜 마음속에 심어준 열정적인 리더였다오. 특히 그는 국가와 국민 모두를 만족시키려는 노력을 아끼지 않았을 뿐만 아니라 의회와 수많은 토론을 마다하지 않았고, 특히 국민과는 직접 소통에 나섰지요. 난세에 등장했고 그 난세를 극복한 리더였소.

[Kim]　후일의 평가를 보면 "루스벨트는 나쁜 상황을 그럴듯하게 포장하지 않았고, 누구를 탓하지 않았으며, 복잡한 상황을 함부로 단순화하지도 않았다"(《워싱턴포스트》)라고 하는데 그분과 함께한 시간이 책에도 어떤 영향을 주었나요?

Hill　당연하오. 그리고 사후에 나온 것이지만 그 평가 역시 정확하군요. 한마디로 말하면 '공감 리더십'쯤으로 얘기할 수 있는데, 그분은 '공감과 소통이 정치의 기본'이라고 말하곤 했다오. 내가 그분의 연설문 담당이었으니 그렇기도 했을 테지만 나 역시 '대통령의 공감능력은 어떻게 정치를 향상하는가?'를 생각하곤 했소. 지도자의 말 한마디는 천금과도 같은 무게를 지녀야 합니다. 어느 땐가 루스벨트가 후배 정치인들에게 이런 교훈을 남긴 것을 기억하오.

"상황이 어려운 격변기일수록 리더는 국민 각자의 역량을 이끌어내고 연결해서 스스로 나서게 해야 한다. 리더가 모든 것을 다 할 수 있다는 생각을 버려야 한다. 공감 리더십은 그래서 필요하다."

사실 '대공황의 공포'를 물리친 루스벨트는 언행일치에 충실했다오. 섣부른 예단과 허튼 약속을 하지 않았고 국민의 공감을 이끌어내 국력을 결집함으로써 혼란과 불안·불신을 극복했으며 그로부터 소용돌이치는 상황을 종식했다오. 더 구체적으로는 곤두박질치던 경제를 일으켜 세우고 갈가리 찢긴 민심을 추스르는 데 성공하였는데, 그 요인으로 두 가지를 꼽을 수 있을 것 같소.

언제까지 무엇을 해내겠다는 약속을 하지 않았고, 머잖아 사태를 해결할 수 있다는 식의 '희망고문'도 하지 않았지요. 그의 리더십의 특징을 한마디로 정리하면 '나는 엄청난 능력을 갖춘 구세주가 아니라 공감을 통해 국민 스스로 행동하게 하는 조력자(助力者) 역할에 충실했다'라고 말할 수 있소. 사실 이 대목이 바로 전임자 후버 대통령과 달랐던 점이오.

대공황 초기 국정을 맡은 후버 대통령도 국민을 설득하려고 라디오 담화를 동원한 적이 있지만 싸늘한 반응에 부딪혀

금세 접고 말았소. 훈계하듯 꾸짖고 가르치려 드는 그의 연설 내용에 국민이 귀를 막은 것이지요.

그러나 후임자로 백악관에 들어온 루스벨트는 '공감 리더십' 덕분에 어려움에서 나라를 구했지만 결과적으로는 소속 정당인 민주당에 엄청난 선물을 안길 수 있었다오. 그때까지 '노예해방의 아버지'라고 할 수 있는 링컨 대통령의 소속 정당인 공화당을 지지했던 흑인들이 민주당 쪽으로 대거 돌아서기 시작한 것이지요.

대통령을 모시고 백악관에서 보낸 시기는 내 성공 연구가 빛을 발했던 시기이기도 했다오. 어느 땐가는 사석에서 '나는 일곱 번 넘어지고 여덟 번 일어섰다'라고 하는 얘기를 들을 정도로 그 옆에 가까이 있으면서 대통령에게서 큰 영향을 받을 수밖에 없었다오.

그러면서 카네기 이래 지금까지 해왔던 많은 연구 내용을 홍보비서로서 대통령의 입을 통해 모든 미국인의 마음속에 불어넣는 결과를 가져왔다오. 말하자면 주고받는 과정에서 책의 내용이 풍부해진 것 또한 사실이지요.

앞에서도 언급한 것처럼 1937년에 출판한《사고는 현실화한다》는 백악관에 있으면서 쓴 책이고 내용에는 이때의 체험도 들어 있다오. 책이 출간되면서 큰 센세이션을 일으켰는데, 사람들은 책을 칭송했고 당연히 나도 새로운 전성기를 맞았소. 부끄럽지만 내 명성도 미국을 넘어 다른 나라까지 널리 퍼지게 되었다오.

자부심이기도 하지만 내가 창조한 성공철학과 몇 가지 성공법칙은 수천만 명을 고무했다고 자랑하고 싶소. 그들은 지역·민족·인종·성별·연령·학력·부의 정도에 관계없이 모두 내 책을 읽고 자신감과 힘을 얻었다는 반응을 보여주었다오. 책을 쓴 저자로서 정말 고마울 따름이지요.

Golden Tip 16

실례(實例)에 의한 동기부여 효과

중요한 질문은 '당신이 얼마나 바쁜가?'가 아니다.
'당신이 무엇에 바쁜가?'가 핵심 질문이다.

— 오프라 윈프리(Oprah Gail Winfrey, 미국 방송인)

　세일즈맨에게 새로운 계기를 주는 가장 효과적인 방법은 실례를 직접 보여주는 것이다. 이를 잘 알고 있던 사람이 클레멘트 스톤이다. 그는 아이오와주 시옥스시에 살고 있는 한 세일즈맨을 어떻게 훈련했는가 하는 이야기로 많은 사람에게 힘을 북돋아 준 적이 있다. 그의 이야기를 들어보자.

　"나는 시옥스시에서 활동하는 우리 회사 세일즈맨의 불평을 들었습니다. 그는 일주일 동안이나 열심히 일했지만 하나도 팔지 못했다면서 '시옥스에서 판다는 것은 도무지 불가능한 일이에요. 그곳에 사는 친구들은 대개 네덜란드 출신 이민들로 매우 배타적이어서 외부 사람에게는 아무것도 사려고 하지 않아요'라고 하더군요. 그러면서 '그 지역

208

은 5년 동안이나 계속 흉작이었다'고 친절하게 덧붙이더라고요. 그 말을 듣고 '그렇다면 자네가 일주일 동안 하나도 팔지 못한 그 시가지에서 내가 한번 팔아보겠다'고 제안했습니다."

다음 날 아침, 둘은 자동차를 타고 가면서도 스톤은 회사 방침을 믿고 또 PMA로 무장해서 잘 활용하는 세일즈맨이라면 비록 어떤 장애가 있더라도 팔 수 있다는 것을 실증하겠다고 다짐했다.

"세일즈맨이 자동차를 운전하는 동안에도 나는 눈을 감고 기분을 느긋이 한 후 명상하면서 마음을 편안하게 했습니다. 그러면서 나는 어째서 그가 팔 수 없었는지보다는 어떻게 하면 팔 수 있을지를 계속 생각하며 시가지를 향해 갔습니다."

스톤은 그렇게 곰곰히 생각하면서 판매가 잘 안 된다고 언급한 이유는 큰 문제가 되지 않는다고 보았다. 가령 주민이 네덜란드계 이민으로 배타적인 성격이라서 팔 수 없었다고 했지만 그것이 판매와 무슨 상관이 있는가? 만일 그들 중 한 사람 특히 그들의 지도자에게 팔 수 있다면 나머지 다른 사람들에게 판매하는 일은 쉬울 것이다. 그러므로 우선 해야 할 일은 적당한 사람에게 최초 판매를 하는 일이다. 비록 시간이 걸릴지라도 그것을 해보이겠다고 다짐했다.

그리고 그 지역이 5년 동안이나 흉작이 계속되었다고 하는데 사실이 말 이상 희망적인 것이 어디 있겠는가? 네덜란드계 이민들은 돈 모으기를 좋아하고 또 책임감이 강해서 자기 가족과 재산을 지키는 데 열심이다. 그리고 동일한 이유(5년 동안 흉작)로 다른 보험 세일즈맨도 아직 거기까지는 손을 뻗지 않았을 터이므로 아마도 그들은 어느 상해 보험에도 들지 않았을 것이다.

더구나 다른 세일즈맨들도 지금 자동차를 운전하는 이 사나이와 마찬가지로 소극적인 마음가짐을 가지고 있다면 성공 확률은 더 높아진다. 그리고 우리 회사 보험은 낮은 요금으로 충분한 보장을 하도록 되어 있으니 어느 곳보다 경쟁력이 있다고 할 수 있다. 그런 생각을 하는 동안 목적지에 도착했다.

"우리는 시 중심지에 도착한 뒤 은행을 방문했습니다. 은행에는 부사장과 출납계와 예금계가 있었는데 20분 사이에 부사장은 우리 회사에서 가장 팔고 싶어 하는 손해보험에 들었습니다. 예금계는 건너뛰었지만 출납계도 같은 보험에 들었습니다."

그것을 신호탄으로 두 사람은 이 가게에서 저 가게로, 이 사무실에서 저 사무실로 조직적으로 파고들었다. 그들은 어디를 가나 모든 사람을 만날 수 있었고 판매실적도 양호했다.

"놀라운 일이 일어난 것입니다. 그날 우리가 방문한 모든 사람이 우리가 가장 팔고 싶어 하는 보험에 들었습니다. 단 하나의 예외도 없었지요. 그러면 나는 어떻게 다른 사람들이 실패한 곳에서 판매에 성공했을까요? 사실 나는 다른 사람이 실패를 경험한 것과 꼭 같은 이유로 성공을 거두었습니다. 단 '그밖의 어떤 것을 제외하면은요.'

자! 그럼 정리해 볼까요? 이곳 주민들이 네덜란드계 이민으로 배타적이어서 팔 수 없다고 했지만 그것은 소극적인 마음가짐입니다. 오히려 네덜란드계가 배타적이기에 그들에게 적극적으로 알리면 좋은 결과가 있을 거라고 생각했지요. 그리고 그들이 5년간이나 계속 흉작이어서 팔 수 없다고 했으나 그 역시 소극적인 마음가짐입니다.

이번 사례에서 가장 핵심이 되는 것, 그밖의 어떤 것이라고 하는 것은 결국 소극적인 마음가짐과 적극적인 마음가짐의 차이를 말하는 것입니다."

이 실례는 다른 사람에게 동기를 줄 수 있다는 것을 실증한 것이다. 이 세일즈맨은 이를 계기로 그가 이전에 실패한 장소에서도 성공을 거둘 수 있었는데 이것은 그가 적극적인 마음가짐으로 일하는 것의 가치를 알았기 때문이다. 그 일이 있은 후 세일즈맨은 시옥스시로 돌아가 오랫동안 머물며 매일 판매기록을 갱신했다.

사람들을 분발하게 하고 마음의 동기를 주는 데는 여러 가지 방법이 있다. 물론 그중에서 가장 효과적인 방법을 찾아야 하는 것이 리더의 몫이지만 어떤 경우에도 PMA를 바탕에 둬야 한다.

《Positive Mental Attitude》

참다운
자기실현

누구든 긍정적인 성격을 갖지 않고는 유쾌한 성품을 가질 수 없다. 가장 예쁜 옷으로 최신 유행을 따라 외모를 아름답게 꾸밀 수는 있다. 그러나 마음 속에 탐욕과 질투, 증오와 이기심이 가득한 사람은 아무리 아름답게 치장한다 해도 같은 부류의 사람 말고는 절대 남에게 매력을 느끼게 하지 못한다.

— 유쾌한 성품

Kim 한 편의 드라마 같은 일생이었군요.《성공의 법칙》을 읽어보면 행간에서 어느 정도 감지할 수 있었습니다. 책상 위에서 이론만으로 쓴 책이 아닐 뿐 아니라 세계적인 성공자 507명을 인터뷰하는 것으로 만족하지 않고 실제 적용해 보고 정리했기에 더 생명력이 큰 듯합니다.

Hill 좋게 얘기해 주니 고맙군요. 앞에서 실의에 빠진 사람들에게 용기를 주기 위해 쓴 책이《사고는 현실화한다》라고 했는데, 이 책은 미국을 넘어 세계 각국에서 출판되어 사람들의 삶에 큰 영향을 미쳤다고 했소.

예컨대 언젠가 인도의 간디 수상이 이 책을 읽고 큰 감명을 받았다면서 나의 성공 프로그램을 인도 국내에서도 널리 배우도록 지시하였소. 그분의 요청으로 인도를 방문했으며 그 이후 깊은 교류를 계속하게 되었다오.

이렇게 나는 성공철학을 널리 알리기 위해 열과 성을 다했고 그 결과 고민하던 사람들이 차례로 성공하는 모습을 바라보는 것이 정말로 기뻤다오. 나 역시《성공의 법칙》을 나의 실생활에 적용하여 다시금 대부호 대열에 낄 수 있게 되었지만 그전처럼 돈을 펑펑 쓰지는 않았소.

내 프로그램은 나를 포함한 많은 사람에게 큰 부를 이룩하게 도와주었지만 몇 번의 경험으로 나는 큰돈을 가지기만 하면 행복해진다는 것은 거짓말임을 알게 되었소. 그 과정에서 큰돈을 손에 쥐자마자 겁을 먹거나 쩨쩨해지는 속 좁은 사람을 많이 보았으며 어떤 의미에서 돈이 사람들을 오만하게 만들거나 분쟁을 낳게 하는지도 지켜보았다오.

그러면서 돈은 자기 것이 아니라 본래 사회의 것이므로 사회나 사람들에게 환원하도록 사용하면 마음이 편안해진다는 것을 알았소. 가만히 생각해 보면 이것은 옛날 카네기한테 직접 배운 것이었지요. 많은 풍파를 거치고 경험을 하면서 그런 가르침을 깊이 생각하게 되었으며 그런 바탕 아래 성공 프로그램을 손질하기로 결정했다오.

말하자면 나의 성공 프로그램의 본질인 거부(巨富)를 이룩하는 내용을 중심으로 구성하지만 거기에서 더 나아가 프로그램 자체를 통해 추구하는 것의 방향을 전환하고자 했소. 보완하고자 했던 방향은 이랬어요.

"물질뿐만 아니라 마음도 풍족해지는 것, 나아가 진정한 행복을 좀 더 앞에 내걸자."

이 부분에 더욱 집중하기 위해 나는 갑작스러웠지만 결단을 내려 57세이던 1940년에 모든 사업에서 은퇴하기로 결심하였소. 너무 빠른 은퇴였는지는 모르겠지만 당시 나는 체력 이상의 많은 일을 떠안고 있었지요.

부탁이나 초청 또는 방문을 거절하지 못하는 내 성격과 자세 때문에 체력이 따르지 못하기도 했지만 내가 은퇴를 결정한 데는 다른 이유가 있었소. 그것은 '참다운 자기실현'이란 무엇인가를 '좀 더 깊이' 연구하고 싶기 때문이었지요.

당시 내가 생각했던 '참다운 자기실현'은 부와 명예, 정신과 육체의 건강, 편안함 등을 포함하는 자기 이상(理想)을 실현하는 것이라고 봤소. 정리하면 성공이라는 것은 물질면, 정신면 등 모두를 충족하는 일이라는 것이지요.

더 나아가 그것이 카네기에 대한 의무라고도 생각했다오. 그는 젊은 저널리스트에게 기꺼이 시간을 내주고 서신도 교환하며 조언을 해주는 등 많은 도움을 주었소. 처음에 약속한 대로 당대의 저명인사들을 소개해 주었고 어떤 때는 취재비용도 대주었지요. 또한 그 바쁜 중에도 특정한 주제에 대한 내 인터뷰 요청에 적극적으로 임했소. 물론 그로부터 임금이라든가 생활비 명목으로는 한 푼도 지원받지 않았지만 그가 해준 것은 돈으로 계산할 수 없는 것이었다오.

Kim 이런 얘기가 되는군요. '내 책 구석구석에는 카네기의 숨결이 깃들어 있다. 그리고 그렇게 얘기하는 것이 지나친 것은 아니다'는 의미겠네요. 프로젝트를 진행하는 동안에도 카네기에게서 금전적인 것을 제외한 많은 도움을 받았고, 그런 격려가 없었다면 오늘날의 나폴레온 힐도 없었겠군요?

Hill   정확하게 그렇소. 사람이 혼자서 무언가를 할 수는 없다오. 다행히 나는 카네기라는 귀인을 만났고 그에게서 많은 영향을 받아 좋은 책들을 남길 수 있었지요. 물론 생활비는 스스로 해결하면서 대형 프로젝트를 진행해야 했으므로 어려움도 많았지만 그 자체도 나에게는 책의 소재가 되었소.

그와 만난 이후 약 20년 동안 성공한 사람만 500명 이상을 만나 인터뷰할 수 있었다는 얘기는 앞에서 언급했소. 당시 내가 만났던 사람들 몇 명만 봐도 헨리 포드, 조지 이스트먼, 존 록펠러, 토머스 에디슨, 시어도어 루스벨트, 알렉산더 그레이엄 벨 등 당대 최고 성공자들을 망라했지요.

이들을 만나고 혼신의 노력을 기울인 끝에 성공한 사람들의 자기실현 방법을 서서히 터득하게 되었소. 이런 자기실현 방법에 대한 나의 세미나는 많은 기업 등에서 큰 반응을 불러일으켰다오. 이것은 후일 PMA(Positive Mental Attitude)라는 개념으로 정리하는 바탕이 되었소. 말하자면 《성공의 법칙》을 바탕으로 한 '적극적인 사고방식'이라고 할 수 있지요.

이때도 역시 내 의도와 달리 많이 바빠질 위기였으나 나는 어디까지나 은퇴한 사람의 자세는 무너뜨리지 않았다오. 이렇게 해서 나 자신도 자기실현을 향해 심신이 다 같이 풍요

216

로운 생활을 할 수 있게 된 것이라오.

그러면서 은퇴 후 어느덧 12년이 흘렀소. 그 기간에 나는 인간에게 가장 멋있고 참다운 자기실현을 쟁취할 수 있는 조건을 정리했는데, 그것은 다음과 같은 것이었다오.

① 적극적인 사고방식(PMA)을 몸에 익힌다.

② 심신의 건강을 늘 유지한다.

③ 인간관계의 조화를 중요시한다.

④ 마음을 온갖 공포에서 해방시킨다.

⑤ 장래의 성공에 대한 희망을 계속 지닌다.

⑥ 신념을 지닌 뇌력을 몸에 익힌다.

⑦ 남의 행복을 지배하는 마음을 갖는다.

⑧ 자기 일에 대한 사랑을 잊지 않는다.

⑨ 모든 일에 구애받지 않는 마음을 갖는다.

⑩ 어떠한 상황에서나 자제심을 갖는다.

⑪ 남을 이해하는 도량을 갖춘다.

⑫ 충분한 돈을 손에 넣는다.

나는 이상의 조건을 충족하는 것이 인간의 참다운 행복으로 이어진다고 강하게 확신하였다오. 부나 명예도 소중하지만 그것만으로는 참다운 자기실현에 연결되지 않소. 나는 이 12가지 조건을 마음에 깊이 새기고 실천하였다오. 말하자면 '성공의 황금률'인 것이지요.

이것을 체계화하고 확립해 프로그램화할 필요성을 느끼던 차에 내 앞에 어떤 저명한 인물이 나타났소. 그의 이름은 클레멘트 스톤이오. 세계 최대 손해보험 그룹인 에이온 코퍼레이션(당시는 컴바인드 레지스트리 컴퍼니)의 창업자였다오. 세일즈 업계에 이름이 알려진 이미 전국적인 인물이었소.

Golden Tip 17

마스터 마인드(The Master Mind)

스물 전에 아름답지 못하고, 서른 전에 강하지 못하고,
마흔 전에 돈을 모으지 못하고, 쉰 전에 현명하지 못한 사람은
평생 아름다울 수도, 강할 수도, 돈을 벌 수도, 현명해질 수도 없다.

— 조지 허버트(George Herbert, 영국 시인)

    많은 사람이 인생에서 궁극적 목표 또는 적어도 가장 중요한 것으로 성공을 꼽는다. 이때 성공에는 많은 의미가 들어 있겠지만 사실 성공은 '타인의 권리를 해치지 않고 자신의 명확한 중점 목표를 달성하는 것'쯤으로 정의할 수 있다.

    성공이라는 측면에서 보면 인생의 가장 큰 난제는 다른 사람과 어떻게 하면 슬기롭게 조화할 수 있는지를 배우는 것이다. 그러므로 인생의 중점 목표가 무엇이든 유쾌한 성품을 형성하는 방법과 주어진 업무를 수행할 때 충돌과 질시 없이 다른 사람과 연계하는 기술을 배운다면 성공은 그리 어렵지 않을 것이다.

    이런 개인적 특성을 바탕으로 하여 성공의 토대가 되는 새로운 심리

학적 법칙에 관해 이해할 필요가 있다. 이것을 나폴레온 힐은 '마스터 마인드(The Master Mind)'라고 이름 붙였다. 이는 주어진 과제의 수행을 목적으로 연계된 두 명 또는 그 이상의 사람들 사이에 조직화된 협력을 통해 개발되는 심성(心性)을 의미한다.

이 부분의 이해를 돕기 위해 헨리 포드의 사례를 소개한다.

세계대전이 한창일 때 시카고의 한 신문이 헨리 포드를 무지한 평화주의자라고 논평한 일이 있었다. 포드는 거기에 반발하여 그 신문사를 명예훼손으로 고소했다. 신문사 측 변호사는 포드가 얼마나 무식한 인간인지 입증하기 위해 그를 증인대에 세우고 배심원들 앞에서 질문 공세를 퍼부었다.

그런데 포드는 변호사의 질문에 거의 대답할 수 없었다. 포드는 자동차를 만드는 엔지니어였으므로 자동차 제조에 관해서는 전문지식이 있었다. 하지만 당시 변호사가 퍼부었던 질문은 다음과 같았다.

"베네딕트 아널드라는 사람은 어떤 사람입니까?" "1776년 독립전쟁 당시 영국이 미국에 파견한 병력의 수는 몇 명이었습니까?"

의미 없는 질문이었고, 포드는 대가였다. 그래서 후자의 질문에 포드는 다음처럼 맞받아 법정 안이 웃음바다가 되기도 했다.

"나는 영국이 파견한 병력의 수를 정확하게는 모르지만 아마도 영국으로 돌아간 병력의 숫자보다는 훨씬 많았을 겁니다."

포드는 이 같은 질문 공세에 지쳐 있었다. 그래서 변호사가 너무나 짓궂은 질문을 계속하자 변호사를 가리키면서 이같이 반박했다.

"그 같은 질문을 계속한다면 나도 당신에게 말해둘 것이 있소. 내 집무실 책상 위에는 버튼이 많이 있습니다. 그 가운데 한 버튼을 누르기만 하면 내가 필요로 하는 지식을 갖춘 직원이 바로 달려옵니다. 그는 당신이 지금 질문한 내용에 바로 답할 수 있지요. 내가 어째서 당신에게 대답하려고 일반적 지식을 전부 알아야 한단 말이오?"

이 효율적인 반론 한 방으로 변호사는 침묵할 수밖에 없게 되었다. 재판관도, 방청인도, 어느 누구도 포드를 배우지 못한 무식한 사람이라고는 생각하지 않았다. 오히려 교육을 대단히 잘 받은 인물이라는 것을 인정한 셈이었다.

이 일의 교훈은 간단하다. 필요할 때 어떻게 하면 바른 지식을 얻을 수 있는지 잘 알고, 그 지식을 체계화해서 계획을 세우고, 거기에 바탕을 두고 행동할 수 있는 사람이 무지한 사람일 리 없다는 점이다.

헨리 포드는 마스터 마인드 그룹(협력집단)을 만들고 필요할 때 언제든지 전문지식을 얻을 수 있도록 해두었다. 그것이 그를 미국 최대의 부호로 만든 것이다. 사실 자기 자신이 얼마나 많은 지식을 지녔느냐 하는 것은 중요한 문제가 아니다. 진짜 중요한 것은 지식을 얼마나 잘 적용하고 살려서 사용했느냐 하는 것이다.

큰 부를 형성하려면 전문적인 힘이 필요하다. 그런데 그 힘을 모두 획득할 수는 없으므로 전문지식을 지닌 인재를 고도로 조직화함으로써 그 힘을 활용하는 지혜가 필요하다. 이것은 충분한 교육을 받지 못한 사람 혹은 충분한 전문지식이 없는 사람에게도 커다란 희망이 될 것이다. 부를 축적하기 위해 마스터 마인드를 컨트롤할 수 있으면 뛰어난 전문지식을 지닌 사람에게 꿀릴 것이 없다.

사실 헨리 포드는 정규교육을 짧게 받았을 뿐이다. 그래도 위대한 성공을 거두는 데 부족함이 없었다. 토머스 에디슨은 일생을 통틀어 3개월밖에 학교에 다니지 못했다. 그렇다고 해서 두 사람이 교육을 받지 못했다고 할 수는 없으며, 당연히 인생을 비참하게 산 것도 아니다.

교훈은 이것이다! 전문지식이 없다고 해서 고민할 필요는 조금도 없다. 지식을 어떻게 살리느냐가 더 중요하다. 당신도 필요한 전문지식을 지닌 사람들의 협력을 얻어 대성공을 거둘 수 있다.

《The Law of Success》

석세스
언리미티드

진정한 리더는 질투 어린 자의 거짓소리에 손상받거나 쓰러지지 않는다. 왜 나하면 그러한 모든 시도는 결국 그의 능력을 돋보이게 할 뿐 아니라 진정한 능력은 항상 호의적인 추종자를 거느리게 되기 때문이다. 진정한 리더십을 파괴하려는 시도는 에너지 낭비이다. 왜냐하면 그것은 살아남을 것이므로!

― 솔선수범과 리더십

[Kim] 은퇴 생활을 즐기고 있었지만 뭔가를 해야만 하는 직업병 수준의 선생님에게 그 유명한 클레멘트 스톤이 찾아온 거군요. 두 분이 만난 사실이 새로운 역사가 만들어진다는 의미쯤으로 받아들여지는데, 실제는 어땠습니까?

Hill 우리가 처음 만난 때는 1951년이었소. 그 무렵 내 나이는 이미 68세였다오. 그 때문에 간혹 강연에 나가는 경

223

우를 빼고는 일선에서 은퇴하여 캘리포니아 글렌데일에서 점잖은 시골 신사처럼 은거 생활을 즐기고 있었지요. 그런데 내 앞에 등장한 그는 능력과 열정을 충분히 겸비한 큰 리더였다오. 그와 만난 일이 생생하군요.

"처음 뵙겠습니다. 저는 클레멘트 스톤이라고 합니다. 손해보험 회사를 운영하고 있습니다. 힐 박사님을 얼마나 뵙고 싶었는지 모릅니다."

"영광입니다. 이렇게 먼 캘리포니아까지 찾아와 주시다니 감사합니다. 당신처럼 바쁘신 분이 오래전에 은퇴한 이 노인에게 도대체 무슨 용건이 있으신지요?"

"아닙니다! 저는 선생님을 만나기 위해서라면 지구 반대쪽이라도 갈 생각이었습니다. 사실 제가 현재 대부호로 부와 명성, 편안함을 얻게 된 것은 모두 선생님 덕택입니다. 저는 꼭 선생님에게 감사 인사를 하고 싶었습니다."

그는 《성공의 법칙》과 《사고는 현실화한다》를 읽고 감동을 받아 그 프로그램대로 실천하여 오늘에 이르렀다면서 '나폴레온 힐 없이 저는 없었을 것입니다'라고 하더군요. 그런 극찬을 들으니 기분이 좋았던 건 사실이오.

우리는 만나자마자 죽이 맞았소. 서로 얘기를 나누는 동안

연달아 터져 나오는 섬광 같은 아이디어들이 불꽃을 튀었다고나 할까. 그렇게 좋은 시간을 보내면서 그는 나를 찾아온 용건으로 한 가지 제안을 하더군요.

"박사님! 다시 한번 현역으로 돌아오지 않으시겠습니까? 박사님의 그 멋진 뇌력이 필요한 사람들이 아직도 많아요."

그는 나를 박사로 호칭했는데 그의 제안에 어떻게 대답해야 할지 한동안 망설였지만 내 안에서 서서히 뭔가 타오르는 것을 느꼈다오. 더구나 앞에 있는 사람의 기(氣)는 나를 압도하는 것 같았소. 그래서 무엇에 끌리듯이 대답했다오.

"그래요. 그럼 한번 해봅시다. 당신과 함께라면 내가 해야 할 일이 무엇이든 할 수 있겠군요. 단 한 가지 조건이 있소. 당신이 총괄 매니저가 된다면 기꺼이 그 제안을 승낙하겠소."

그로부터 스톤과 나의 공동 활동이 시작되었다오. 우선 동기부여에 관한 것이었소. 사람들은 대부분 정도 차이는 있지만 성공하려는 의욕(모티베이션)이 오래 지속되지 않지요. 그래서 의욕을 지속시키기 위한 잡지를 매월 내기로 하고 스톤과 함께 《석세스 언리미티드》라는 잡지 창간에 착수하였다오. 그때가 1954년이었소.

물론 이에는 프로그램을 잘 모르는 중역들의 반대도 많았지만 스톤은 밀고 나갔소. 더 나아가 스톤은 그의 회사 전 직원에게 《사고는 현실화한다》를 읽게 하고 나폴레온 힐 프로그램(성공의 법칙)도 실천하도록 하였다오.

그 결과 회사 판매고는 기록적인 신장세로 나타났지요. 연간 판매고는 당시 돈으로 약 2,400만 달러에서 8,400만 달러로 올랐고 스톤 개인의 재산은 300만 달러에서 1억 6,000만 달러가 되었소. 그리고 스톤이 전 직원 앞에 나를 세워놓고 일장 연설을 했는데 아직도 그 기억이 생생하오.

"여러분! 나폴레온 힐 박사님의 프로그램을 도입하기 전에 이런 기적이 일어난 적이 있습니까? 오늘의 이런 엄청난 실적은 분명 성공 프로그램 덕분입니다. 박사님, 고맙습니다."

Kim 말하자면 스톤은 갑자기 나타나 은퇴 생활을 접고 사람들을 훈련하거나 책을 집필하는 일, 즉 현역으로 다시 나서라고 선생님을 설득한 거군요. 그런데 자신을 몹시 바쁘게 만들고도 남을 그 일을 기꺼이 승낙한 이유는 무엇이었나요? 그리고 컴백은 만족하셨나요?

Hill 우리는 서로에게 좋은 파트너였소. 몇 년이 지난

후인 1960년에는 둘이 공저로《적극적인 마음 자세가 당신의 인생을 변화시킨다》를 출판하였는데 바로 PMA 개념을 책으로 엮은 것이었다오.

1962년에는 스톤이 이사장이 되어 '나폴레온 힐 재단'을 설립한 후 성공 프로그램을 보급하면서 더 많은 사람을 성공으로 이끌어 가게 되었소. 나는 몇 개 도시에서 PMA 개발 세미나를 개설하거나 영업 노하우를 지도하는 등 80세를 넘어서까지 의욕적으로 성공철학 보급에 힘을 다했다오.

민망하기는 하지만 수십 년 동안 들어온 무수한 칭찬도 고마운데 내가 이룩한 성과에 큰 자부심을 느낀 데는 다른 이유가 있다오. 그것은 언제 어디서든 내게 다가와 아낌없이 책을 칭찬하며 사인을 부탁하던 많은 사람과 독자들의 칭찬 때문이었소. 그들은 거의 어김없이 이렇게 말했다오.

"선생님 책 덕분에 제 인생이 바뀌었어요, 감사합니다."

그런 사례들은 너무 많아 수백·수천 건도 넘게 나열할 수 있지만 내가 바라는 것은 그것이 아니오. 오히려 내가 바라는 것은 성공을 원하는 많은 사람이 직접 책을 읽고 그 원리를 생활에 적용해 이 책의 증거가 되는 것이라오.

돌이켜보면 내 인생은 카네기를 빼고는 그림이 그려지지

않는 삶이었소. 사실 나에게 최대의 기회를 가져다준 것은 '좋은 운(運)'이었다는 것을 부인 못하지만 그 기회를 자산으로 쌓는 데는 20년 이상의 노력이 필요했다오. 물론 그 행운의 출발은 카네기와 만난 것이고요.

카네기는 내 머릿속에 인생의 목표, 즉 '성공의 철학'을 정리해야 한다는 아이디어를 심어주었지요. 이것은 20년이나 걸려 일단 완성했지만 그 뒤로도 훨씬 더 긴 25년 이상에 걸친 노력과 연구의 성과로 몇백만 명이 넘는 사람들이 성공이라는 큰 이익을 얻게 되었고, 더 나아가 수많은 부호를 탄생시키는 결과를 가져왔소.

무슨 일이건 처음에는 아주 작은 일에서 시작된다오. 아주 위대한 성공도 처음에는 누구라도 쉽게 깨달을 수 있는 아이디어에서 시작된다고 볼 수 있지요. 물론 나의 행운은 카네기에서 비롯했지만 그 뒤에는 나의 결의와 목표의 명확화, 달성에 대한 소망, 성공에 대한 신념, 거기에 25년에 걸친 인내심 강한 노력이 필요했다오.

사실 내가 평생 하고자 했던 소망은 그리 흔한 것은 아니었소. 그래서 낙심할 때도 있었고 일시적 패배, 비판, 시간을 낭비하는 것이 아닌가 하는 불안감과도 싸워야 했다오. 그런

싸움에서 이기는 데는 불타오르는 것과 같은 열망이 필요했소. 집념이라고도 할 수 있는 것들이지요.

처음에 카네기가 아이디어를 내 머리에 주입했을 때는 그 의미를 잘 몰랐지만 무언가 번득이는 것을 느꼈소. 나도 기다렸다는 뜻인데 당연히 나는 나 자신을 다독이면서 그 번득임이 지워지지 않도록 했다오. 그러는 사이에 처음의 작은 아이디어는 힘을 지니게 되었고, 드디어 그 아이디어는 야금야금 성장해서 하나의 결실로 세상에 나오게 되었소. 바로 《성공의 법칙》을 비롯한 책 몇 권이라는 형태로 말이오.

애송이 기자 시절 카네기라는 거인을 만나고 그가 제시한 아이디어에서 탄생한 나의 프로그램은 사람들의 삶에 큰 영향을 미쳤다고 믿고 있소.

보통 사람들, 즉 많이 배우지 않았어도 혹은 아무것도 가지지 않았어도 그 상태에서 시작해 부자가 되고 성공을 몸에 붙여가는 사람들을 많이 보았소. 그리고 그들을 지켜보는 것은 그 무엇보다 큰 생의 보람이었다오.

나폴레온 힐과의 인터뷰는 여기서 끝난다.

그는 1970년 11월 사우스캐롤라이나주 컬럼비아에서 88세를 일기로 그 빛나는 생을 편안히 마쳤다. 그는 갔지만 그가 남긴 성공철학은 영원히 계속되고 있다. 행복과 성공적인 삶을 추구하는 우리 가슴속에 살아 있는 것이다.

앤드류 카네기의 철학으로 시작된 황금률에 따른 성공철학은 평생에 걸친 연구를 지속한 나폴레온 힐에 의해 완성되어 우리에게 계승되고 있다. 그리고 그 빛나는 성공의 역사는 계속될 것이다. 세대가 바뀌고 세월이 많이 흘러도….

· 별의 순간, 당신의 시간 ·

긴 시간 인터뷰를 읽어주신 여러분께 감사드린다. 성공과 행복이라는 당신의 '별의 순간' 성취에 이 책의 통찰력이 도움이 되기를 바란다.

할 수 있다고 생각하는 사람만이 해낸다!

만일…
당신이 진다고 생각하면 당신은 질 것이다.
당신이 안 된다고 생각하면 당신은 안 될 것이다.
당신이 이기고 싶다는 마음 한구석에서 이건 무리라고
생각하면 당신은 절대로 이기지 못할 것이다.

그렇다…
당신이 실패한다고 생각하면 당신은 실패할 것이다.
세상의 많은 사례에서 증명되듯이 성공자는 성공을
간절히 원하는 사람이었다.
모든 것은 사람의 마음이 결정하는 것이다.

그러므로…
당신이 이긴다고 생각하면 승리할 것이다.
당신이 무엇인가를 진정으로 원한다면 그대로 될 것이다.

자! 다시 한번 출발하라.
항상 강자만이 이긴다고 정해져 있지 않다.
항상 빠른 자만이 승리한다고 정해져 있지도 않다.
나는 할 수 있다고 생각하는 사람만이 결국 승리한다.

– 나폴레온 힐 《The Law of Success》 중에서

중앙경제평론사 Joongang Economy Publishing Co.
중앙생활사 | 중앙에듀북스 Joongang Life Publishing Co./Joongang Edubooks Publishing Co.

중앙경제평론사는 오늘보다 나은 내일을 창조한다는 신념 아래 설립된 경제 · 경영서 전문 출판사로서
성공을 꿈꾸는 직장인, 경영인에게 전문지식과 자기계발의 지혜를 주는 책을 발간하고 있습니다.

나폴레온 힐과의 대화 **거부(巨富)의 성공 비결**

초판 1쇄 인쇄 | 2021년 11월 15일
초판 1쇄 발행 | 2021년 11월 20일

지은이 | 김정수(JyungSoo Kim)
펴낸이 | 최점옥(JeomOg Choi)
펴낸곳 | 중앙경제평론사(Joongang Economy Publishing Co.)

대   표 | 김용주
책임편집 | 이상희
본문디자인 | 박근영

출력 | 상식문화 종이 | 한솔PNS 인쇄 | 상식문화 제본 | 은정제책사

잘못된 책은 구입한 서점에서 교환해드립니다.
가격은 표지 뒷면에 있습니다.

ISBN 978-89-6054-280-8(03320)

등록 | 1991년 4월 10일 제2-1153호
주소 | ⑦ 04590 서울시 중구 다산로20길 5(신당4동 340-128) 중앙빌딩
전화 | (02)2253-4463(代) 팩스 | (02)2253-7988
홈페이지 | www.japub.co.kr 블로그 | http://blog.naver.com/japub
페이스북 | https://www.facebook.com/japub.co.kr 이메일 | japub@naver.com
♣ 중앙경제평론사는 중앙생활사 · 중앙에듀북스와 자매회사입니다.

중앙경제평론사/중앙생활사/중앙에듀북스에서는 여러분의 소중한 원고를 기다리고 있습니다. 원고 투고는 이메일을
이용해주세요. 최선을 다해 독자들에게 사랑받는 양서로 만들어 드리겠습니다. 이메일 | japub@naver.com